中国能源经济
数字图解 2014-2018

China's Energy Economy: An Illustrated Guide

主编 ／ 魏一鸣

经济管理出版社
ECONOMY & MANAGEMENT PUBLISHING HOUSE

图书在版编目（CIP）数据

中国能源经济数字图解 . 2014－2018/魏一鸣主编 . —北京：经济管理出版社，2019.5
ISBN 978－7－5096－6620－3

Ⅰ. ①中⋯　Ⅱ. ①魏⋯　Ⅲ. ①能源经济—研究—中国　Ⅳ. ①F426. 2

中国版本图书馆 CIP 数据核字（2019）第 101450 号

组稿编辑：高　娅
责任编辑：高　娅
责任印制：黄章平
责任校对：陈晓霞

出版发行：经济管理出版社
　　　　　（北京市海淀区北蜂窝 8 号中雅大厦 A 座 11 层　100038）
网　　　址：www. E－mp. com. cn
电　　　话：（010）51915602
印　　　刷：北京印刷集团有限责任公司印刷二厂
经　　　销：新华书店
开　　　本：787mm×1092mm/16
印　　　张：11. 75
字　　　数：234 千字
版　　　次：2019 年 8 月第 1 版　　2019 年 8 月第 1 次印刷
书　　　号：ISBN 978－7－5096－6620－3
审 图 号：GS（2019）4443 号
定　　　价：98. 00 元

作者简介

魏一鸣，北京理工大学讲席教授，教育部"长江学者奖励计划"特聘教授（2008 年）、国家杰出青年科学基金获得者（2004 年）、中国科学院"百人计划"（2005 年）、"百千万人才工程国家级人选"（2004 年）、国家哲学社会科学领军人才（2017）、国家自然科学基金创新研究群体"能源经济与气候政策"学术带头人。现任北京理工大学管理与经济学院院长、北京理工大学能源与环境政策研究中心主任、能源经济与环境管理北京市重点实验室主任，兼任中国优选法统筹法与经济数学研究会副理事长、能源经济与管理研究分会理事长等。受邀担任九份国际期刊编委或副编辑，担任联合国政府间气候变化专门委员会（IPCC）第六次评估主要作者协调人（CLA）。曾任中国科学院科技政策与管理科学研究所副所长（2000～2008 年）、研究员。

长期从事管理系统工程研究和教学，在能源经济预测与决策建模、资源与环境管理、能源经济与气候政策等领域开展了有创新性的研究工作并做出了贡献。先后主持国家重点研发计划项目、国家自然科学基金创新研究群体项目、国家自然科学基金重大国际合作项目、"973 计划项目"、国家科技支撑计划项目、国家自然科学基金重点项目、欧盟 FP7 等 50 余项科研课题。著作 20 余部；在《自然》子刊 *Nature – Energy*、*Nature – Climate Change* 等发表学术论文 200 余篇，其中，SCI 收录 160 余篇。论文累计他引万余次（其中，SCI 他引 4500 余次）、21 篇入选 ESI "高被引论文"。连续 4 年被爱斯唯尔公司/期刊评为"中国高被引学者"（Most Cited Chinese Researchers）。曾获 12 项省部级科学技术或自然科学奖或哲学社会科学奖，其中，一等奖 4 项（均为第一完成人）。向中央和国务院提交了多份政策咨询报告并得到了重视。研究成果在学术界和政府部门均有较大影响。

曾获中国青年科技奖（2001 年）；获纪念博士后制度 20 周年"全国优秀博士后"（2005 年）、全国优秀科技工作者称号（2012 年）、北京市优秀教师称号（2013 年）；获国务院特殊津贴（2004 年）。

前　言

能源是整个世界发展和经济增长的基本驱动力，是人类赖以生存的基础，直接关系到国民经济可持续发展以及社会和谐稳定。能源及与其密切相关的气候变化问题已成为全球政策界、学术界、工商界和社会公众共同关注的焦点。

经过改革开放40多年来持续快速的发展，中国已经成为全球最大的能源生产国、消费国以及最大的二氧化碳排放国，是国际能源格局的关键组成部分。在过去几年，中国节能减排工作取得了重要进展，煤炭消费比重持续下降，清洁能源发电比例持续上升，"4045"目标提前实现。然而，在当前和未来一段时期内，中国能源经济发展仍然面临突出的挑战，能源发展的长期矛盾和短期问题相互交织，国内因素与国际因素互相影响，节能减排形势依然严峻。目前，中国经济下行压力加大，国际贸易形势恶化，逆全球化出现抬头趋势更加剧了中国能源经济发展的不确定性。中国能源经济仍然面临着控总量、调结构、保安全的严峻形势。中国社会经济进入了新时代，经济已由高速增长阶段转向高质量发展阶段。高质量的发展必然要求提供更多高附加值的产品和服务，也必然要求继续逐步淘汰相对落后的存量产能，这既是中国绿色经济转向的重大机遇，也是重大挑战。

2013年，为了向国内外读者阐释中国能源经济系统的复杂特征和运行规律，介绍中国能源经济发展的基本情况和典型事实，普及中国能源经济改革的主要动向和未来目标，我们组织编写了一本以"数字"为主线的中国能源经济普及图书，力图以通俗易懂的方式向国内外读者介绍当前和未来一段时期中国能源经济的发展状况。因此，北京理工大学能源与环境政策研究中心组织长期从事能源经济研究和教学的专家编写了《中国能源经济数字图解2012－2013》。从读者对该书的肯定来看，基于基础数据和图表，以问答的方式展现中国能源经济的主要状况和运行规律，引起了积极的反响，国内外更多具有不同背景和兴趣的读者关注了中国能源经济问题，了解了中国能源经济发展的基本状况。

当前，全球气候变化、国际贸易条件恶化、美国退出《巴黎协定》、中美贸易摩擦、"一带一路"能源合作持续推进、地缘政治等因素正在对国际能源形势产生重要影响，能源发展呈现新的阶段性特征。《中国能源经济数字图解2014－2018》是《中国能源经济数字图解 2012 —2013》的延续，本书加入了新时代下中国能源经济形势的新特征，更新了基础数据和图表，提出了近年来中国能源经济发展情况的新问题和新思考。《中国能源经济数字图解 2014 —2018》从时间演变趋势、空间分布、国际比较等视角，展现中国能源经济的主要状况和运行规律，包括能源储量与生产、能源消费、能源市场、能源与环境、能源与安全等。本书仍采用"提问—图解"的形式，希望引起更多读者进一步关注中国能源经济问题，了解中国能源经济发展的现状与趋势。

北京理工大学能源与环境政策研究中心（http：//ceep. bit. edu. cn/）长期坚持面向中国能源经济与应对气候变化领域的重大需求，针对能源与环境战略、气候政策中的关键科学问题展开研究，取得了一系列有意义的科研成果，在国内外形成了一定影响；目前已形成六个主要研究方向，即能源供应与消费、能源效率与节能、能源市场与碳市场、气候变化与环境变化、能源安全与预警、能源建模与系统开发；有较多研究成果发表在《自然》子刊 Nature – Energy 等著名学术期刊上，并得到了广泛引用，其中部分论文已被麻省理工学院（MIT）等国外高校能源经济类课程列为指定读物；出版了《中国能源报告（2006）：战略与政策研究》《中国能源报告（2008）：碳排放研究》《中国能源报告（2010）：能源效率研究》《中国能源报告（2012）：能源安全研究》《中国能源报告（2014）：能源贫困研究》《中国能源报告（2016）：能源市场研究》《中国能源报告（2018）：能源密集型部门绿色转型研究》等系列专著；发表的论著得到了联合国工业发展组织、联合国环境署、世界银行、亚洲开发银行、联合国政府间气候变化专门委员会（IPCC）等国际组织的关注；提交的多份政策咨询报告得到中国国家领导人重视。

我的博士生吴方勇、吕艳军、朱楠楠、杨晓芸、易兰丽君、韩帅磊等收集整理了所有数据，并参与本书撰写，做出了贡献。廖华教授、唐葆君教授、余碧莹教授提出了建设性建议。经济管理出版社的工作人员为本书的编辑出版付出了辛勤劳动，在此一并表示感谢。本书的出版得到了国家自然科学基金项目（71521002、71642004）和国家重点研发计划课题（2016YFA0602603）等的支持。

限于我们知识修养和学术水平，本书难免存在缺陷和不足之处，书中疏漏之处，恳请读者批评指正。

2019 年 1 月于北京中关村

CONTENTS
目　录

第四章　中国能源市场价格机制的主要特征

中国能源发展的总体特征与形势

中国是一个人口众多、区域发展不平衡的发展中大国，目前已成为全球最大的能源生产国与消费国；而且由于仍处在工业化、城镇化的进程中，中国未来的能源需求总量仍将继续增长。然而，中国国内资源储量愈来愈难以满足本国经济社会发展需要，能源资源特别是油气对外依存度持续攀升。

同时，中国已成为全球最大的二氧化碳排放国。控制温室气体排放，实现绿色低碳发展，是中国转变发展方式、破解资源环境瓶颈制约、提升国际竞争力的内在要求。

中国经济增长与能源消费呈现什么变化趋势？

改革开放以来，特别是 21 世纪初，中国经济平稳较快发展，能源消费量持续攀升，能源对外依存度特别是石油对外依存度不断走高，近五年来中国经济增长进入"从高速增长转为中高速增长"的新常态。能源经济发展呈现了很多新特征，也吸引了更多人士关注。

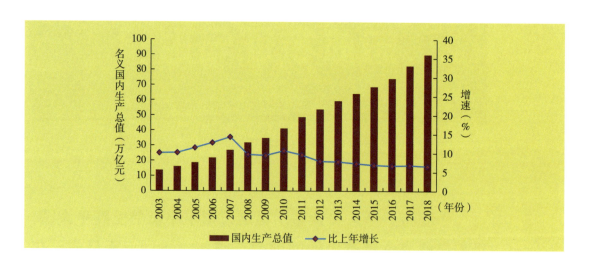

2003～2018 年中国国内生产总值及其增速

资料来源：笔者根据《中国统计年鉴 2018》、国家统计局报告整理得到。

过去 15 年，中国国民经济持续较快发展。2003～2012 年，国内生产总值年均实际增长 10.6%，其中有六年实现了 10% 以上的增长速度，在受国际金融危机冲击最严重的 2009 年依然实现了 9.4% 的增速。在最近六年，即 2013～2018 年，中国经济步入新常态，国内生产总值年均实际增长 6.9%，增速仍高于世界主要经济体。中国经济总量占世界的份额由 2002 年的 4.4% 提高到 2017 年的 15% 左右，对世界经济增长的贡献率超过 30%。

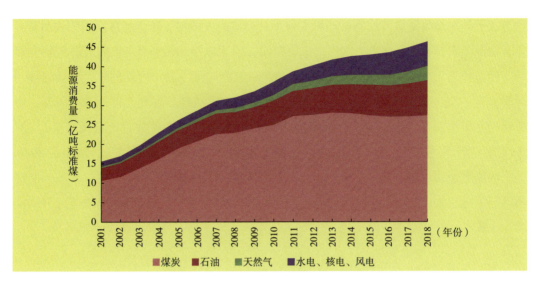

2001~2018 年中国能源消费变化

资料来源：笔者根据《中国能源统计年鉴 2017》《中国统计年鉴 2018》、国家统计局报告整理得到。

自 21 世纪以来，中国能源消费量持续攀升。2001~2012 年，随着一批新建电厂的投产和城镇化及基础设施建设的加快发展，中国能源消费量出现了飞跃，年均增速高达 9%，尤其是煤炭消费量出现跳跃式增长。2012~2018 年，中国实施节能减排政策，大力发展清洁能源，关停了一些小火电机组和小钢厂，能源消费量增速放缓，年均增速下降到 2.4%，其中煤炭占比逐步下降到 2018 年的 59% 左右。但是，在粗放型发展模式彻底改变之前，中国能源消费量很难下滑，即使 2008 年金融危机也未能阻止中国能源消费量的进一步增长。

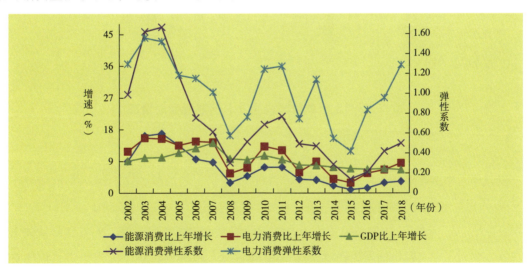

2002~2018 年中国能源消费增速及弹性系数

资料来源：笔者根据《中国统计年鉴 2018》、国家统计局报告整理得到。

过去十年，建设资源节约型、环境友好型社会成为中国加快转变经济发展方式的重要着力点，能源消费弹性下滑显著。"十二五"期间，中国以年均增长3.6%的能源消费支撑了年均实际增长7.9%的国民经济，能源消费弹性系数由"十一五"时期的0.58下降到0.43。

2008年，受经济增速放缓影响，中国能源需求增速减缓，仅比上年增加2.9%，电力消费仅比上年增加5.6%；能源消费弹性系数和电力消费弹性系数都有显著下降。随后，由于政府采取"一揽子"扩大内需的经济刺激政策，能源消费大幅增长。2010年和2011年，中国能源消费增速达到7.3%左右。2012年以后，中国经济发展进入新常态，能源消费增速呈下降趋势，2015年能源消费增长仅为1%，2018年中国能源消费增速回升，同比增长3.3%。

中国近些年节能降耗的成效如何？

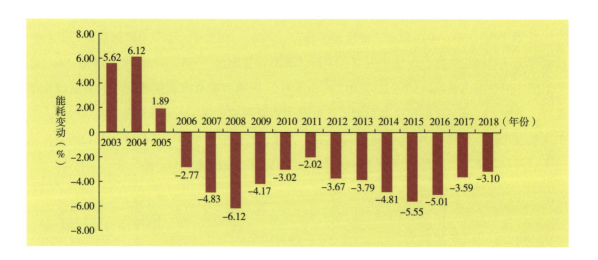

2003～2018年单位国内生产总值能耗变动情况

资料来源：笔者根据《中国统计年鉴2018》、国家统计局报告整理得到。

近几年，中国节能工作取得重要进展。2006年以后，中国单位国内生产总值能耗均保持下降；2016年中国单位国内生产总值能耗比2015年下降5.0%，比2005年下降37.4%。其中，"十二五"期间，中国单位国内生产总值的能源消费量持续下降，五年期间能耗下降18.4%，实现了中央提出的能源强度下降16%的目标。2018年，单位国内生产总值能耗比上年下降3.1%，比2015年下降11.3%，节能减排进一步取得明显进展。

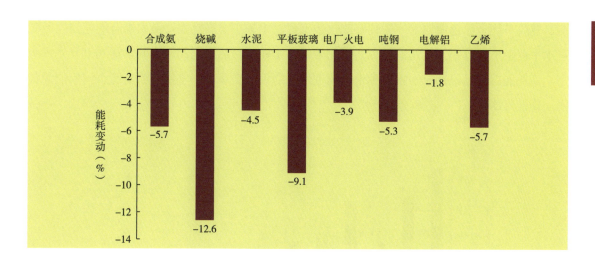

2012～2017 年中国单位综合能耗变动情况

注：电解铝和乙烯为 2016 年数据。

资料来源：笔者根据国家统计局有关报告和《中国能源统计年鉴 2017》整理得到。

中国单位产品综合能耗下降显著。与 2012 年相比，2017 年中国单位合成氨综合能耗下降 5.7%，烧碱生产综合能耗下降 12.6%，水泥综合能耗下降 4.5%，平板玻璃单位综合能耗下降 9.1%，电厂火力发电标准煤耗下降 3.9%，吨钢综合能耗下降 5.3%。2017 年电解铝和乙烯综合能耗相比 2012 年分别下降 1.8% 和 5.7%。

高耗能产品能耗水平国际比较

分类	单位	中国		国际先进水平
		2015 年	2016 年	2016 年
火电供电煤耗	gce/kWh	315	312	298 *
钢可比能耗	kgce/t	644	640	615 *
电解铝交流电耗	kWh/t	13562	13599	12900
水泥综合能耗	kgce/t	137	135	97 *
乙烯综合能耗	kgce/t	854	842	629
合成氨综合能耗	kgce/t	1495	1486	990

注：* 表示 2014 年数据。

资料来源：笔者根据《中国能源统计年鉴 2017》整理得到。

中国高耗能产品的能耗与国际先进水平的差距不断缩小。通过实施锅炉改造、电机节能、建筑节能、绿色照明等一系列节能改造工程，中国主要高耗能产品的综合能耗与国际先进水平差距不断缩小，新建的有色、石化等重化工业项目能源利用效率基本达到世界先进水平。高耗能行业已经拥有一批达到世界先进水平的大型企业，如宝武钢铁集团、国家能源集团、华能集团等。

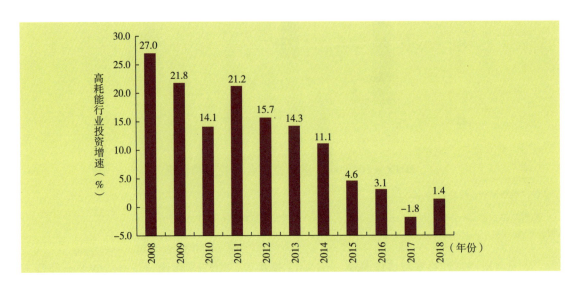

2008~2018年中国高耗能行业投资增速

资料来源：笔者根据国家统计局有关报告整理得到。

过去几年中国高耗能行业发展得到有效遏制，部分落后产能逐步淘汰。六大高耗能行业增长明显减缓。2013~2015年，高耗能行业投资年均增长9.9%，比工业投资年均增速低2.6个百分点；占工业投资的平均比重为29.9%，比2012年下降1.5个百分点。2008年和2009年高耗能行业投资增速分别高达27.0%和21.8%，随后，在国家一系列调控政策的作用下，高耗能行业投资增速明显回落，2016年和2017年分别仅为3.1%和-1.8%，2018年出现了回升，增速为1.4%。

中国能源结构清洁化发展的状况和趋势如何？

21世纪初期，中国的工业化进程明显加快，经济增速较高，高能耗部门比重增高，经济结构总体上朝能源密集型方向发展。新农村建设和居民消费结构升级也拉动了部分高能耗行业增长。近年来，中国大力推进能源结构战略调整，着力增加非化石能源、天然气等清洁能源消费比重，能源结构有明显的改观。

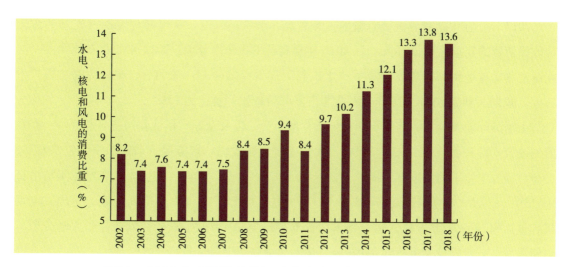

2002～2018 年中国清洁能源消费量占全部能源消费量的比重

资料来源：《中国统计年鉴 2018》、国家统计局报告。

过去 15 年间，中国清洁能源消费比重总体上呈现上升趋势。非化石能源（水电、风电、太阳能、生物质能等）占一次能源消费比重由 2002 年的 8.2% 提高到 2017 年的 13.8%。

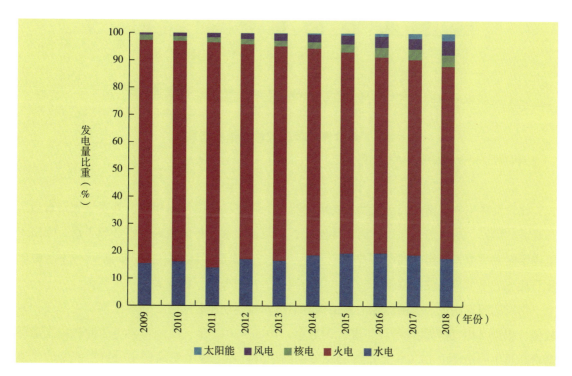

2009～2018 年中国发电比重

资料来源：笔者根据历年电力统计基本数据一览表整理得到。

2017年，在中国能源消费总量中，天然气、水电、风电、核电四种能源方式总共占全部能源消费的比重达到20.8%，比2016年提高了1.3个百分点。2015年非化石能源占一次能源消费比重达到12.1%，完成了"十二五"规划提出的11.4%目标。根据能源发展"十三五"规划，到2020年我国非化石能源占能源消费比例要达到15%。

由于国际能源价格波动、石油对外依存度上升，以及全球气候变化问题日益严峻，在政府的政策支持和引导下，水电、风电、太阳能、生物质能、核能等清洁能源得到较快发展，在全口径发电量中的比重有所提升。数据显示，"十二五"期间，中国水电发电量年均增长10.13%，超过火电增长速度（4.37%），而核电年均增长18.1%。2018年底，中国发电装机容量达到189967万千瓦，比上年末增长6.5%，其中水电、核电、风电等非火电类型清洁能源发电装机容量比重达到39.79%，比上年提高2个百分点。

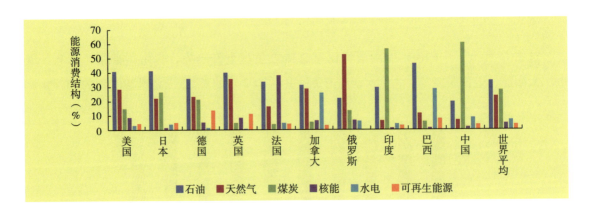

2017年世界主要国家能源消费结构

资料来源：《BP世界能源统计年鉴2018》。

比较世界主要国家的能源消费结构可以看出，印度和中国情况相似，都属于人均石油资源匮乏的国家，所以仍以煤炭作为主导能源；巴西、加拿大等国家人均水资源丰富，因而水电占了较大比重；法国的核电事业相当发达，核电占据全国能源消费总量的37.9%。由于化石能源的不可再生性及其带来的环境污染问题，各国都在积极发展可再生能源。

与发达国家相比，中国能源消费结构清洁化的速度还比较缓慢，可再生能源份额还相对较低。根据《BP世界能源统计年鉴》的数据，2011～2017年，美国可再生能源在一次能源消费总量中的份额由13.6%上升到15.8%；同期，世界能源消费结构中可再生能源的份额维持在14%左右，而中国可再生能源消费的份额由7.4%上升到13.6%，接近世界平均水平。

中国近些年能源供应的总体发展趋势如何？

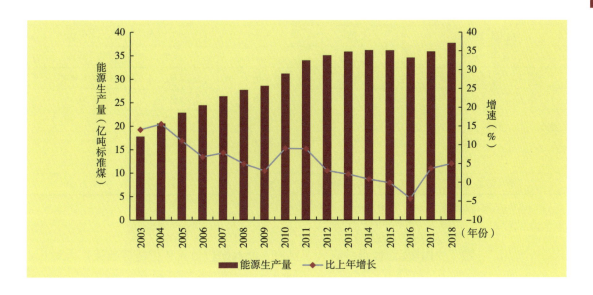

2003～2018 年中国能源生产量及其增速

资料来源：《中国统计年鉴2018》、国家统计局报告。

过去5年，随着中国经济进入新常态，中国能源生产量逐步稳定。2015年和2016年分别出现－0.1%和－4.3%的增长。2018年，中国能源生产总量有所回升，达到37.7亿吨标准煤，比2002年增长1.4倍。中国是世界第一大能源生产国，能源自给率在80%左右。同时，清洁能源的供应比重逐步提升。根据《能源发展"十三五"规划》及《可再生能源发展"十三五"规划》，"十三五"时期非化石能源消费比重将提高到15%以上，天然气消费比重力争达到10%，煤炭消费比重降低到58%以下。

中国近些年能源供需博弈格局出现哪些变化？

中国"十二五"时期能源供需状况

指标	单位	2010 年	2015 年	年均增长（%）
一次能源生产总量	亿吨标准煤	31.2	36.2	3
其中：煤炭	亿吨	34.3	37.5	1.80
原油	亿吨	2	2.15	1.10

续表

指标	单位	2010 年	2015 年	年均增长（%）
天然气	亿立方米	957.9	1346	7.00
非化石能源	亿吨标准煤	3.2	5.2	10.20
电力装机规模	亿千瓦	9.7	15.3	9.50
其中：水电	亿千瓦	2.2	3.2	8.10
煤电	亿千瓦	6.6	9	6.40
气电	万千瓦	2642	6603	20.10
核电	万千瓦	1082	2717	20.20
风电	万千瓦	2958	13075	34.60
太阳能发电	万千瓦	26	4318	177
能源消费总量	亿吨标准煤	36.1	43	3.60

资料来源：《能源发展"十三五"规划》。

　　"十二五"期间，中国能源需求一直大于供应，能源缺口由 4.9 亿吨标准煤扩大到 6.8 亿吨标准煤，能源消费与供应的年均增长率分别为 3.6% 和 3%。在能源供应方面，煤炭占主导地位，但增速相对较快的是天然气和非化石能源等清洁能源；在电力装机规模方面，火电占主导地位，但增速相对较快的是气电、核电、风电、太阳能发电。值得注意的是，太阳能发电年均增长率达到 177%。

中国近些年海外油气生产呈现什么发展格局和态势？

2013～2018 年中国石油企业海外权益产量

资料来源：《2018 年国内外油气行业发展报告》。

2018 年，中国石油企业紧紧抓住国际油价回升的时机努力提高产量。一方面，加快推进开发期和上产期项目的顺利投产和增产，中石油的伊拉克哈法亚项目三期、亚马尔 LNG 第二条和第三条生产线以及中海油在美国墨西哥湾的 Stampede 油田均实现投产，有力地支持了海外油气产量的增长；另一方面，中石油收购的阿布扎比 2018 年项目顺利交接并开始提油。估计 2018 年海外油气权益产量突破 2 亿吨，达到 2.01 亿吨，较 2017 年增长 3.7%，其中权益原油产量为 1.6 亿吨，权益天然气产量为 500 亿立方米。

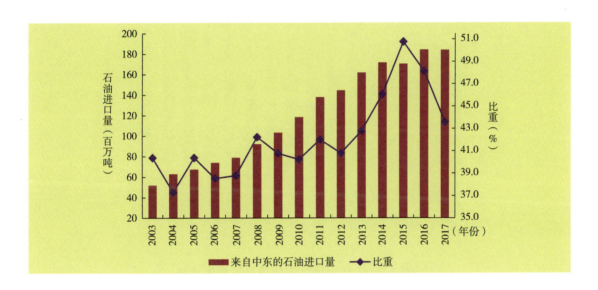

中国从中东地区的石油进口量及其在中国石油进口总量中的比重

资料来源：《BP 世界能源统计年鉴 2018》。

过去 15 年，在中东复杂的地缘政治形势下，中国通过工程技术领域的合作，逐渐加强了与中东国家的石油合作关系，并扩大了从沙特、伊朗等国的石油进口，在中东地区的石油进口量稳步上扬，保障了国内需求。2015～2016 年，由于从东欧地区和亚太地区进口石油量减少，中国加大了从中东进口的比例。2017 年，中国从中东地区的石油进口量是 2003 年的 3.55 倍，年均增长 9.5%；而且，来自中东地区的石油进口量基本保持在中国石油进口总量的 40% 以上，成为过去几年中国经济社会平稳较快发展的重要支撑。

中国近些年的碳排放量呈现什么变化趋势？

受发展阶段、资源禀赋的制约，近年来中国化石能源燃烧排放的二氧化碳增长较快，碳减排压力显著增加。根据《BP 世界能源统计年鉴 2018》的数据，2005 年中国碳排放量超过美国，成为全球最大碳排放国，此后中国碳排放量稳居首位并快速增长，直到 2012 年以来中国碳排放增长放缓，甚至在 2015 年和 2016 年出现负增长，这表明中国节能减排工作取得了显著的效果。

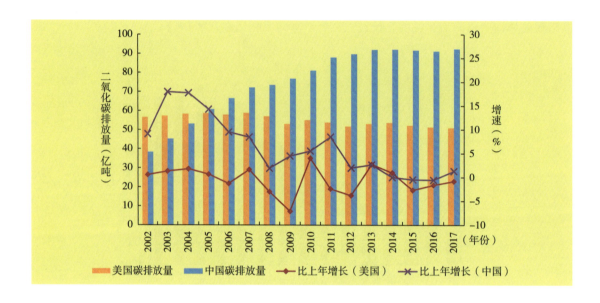

2002 ~ 2017 年中美碳排放量及其增速比较

资料来源：《BP 世界能源统计年鉴 2018》。

比较过去 15 年中美两国的碳排放情况可以看出，美国碳排放量逐年变化相对稳定，近 10 年间有下降趋势，2017 年比 2002 年下降 10%。相比之下，2012 年以前，中国碳排放量逐年稳步上扬，2011 年比 2002 年增加 129.5%，且各年均为正增长。2012 年以后中国碳排放增长明显放缓，各年增长率均低于 3%，甚至在 2015 年和 2016 年出现负增长。

值得一提的是，2002 ~ 2004 年，由于中国宏观经济和投资快速增长，导致碳排放量急剧攀升，2003 年、2004 年的碳排放量分别比上年增长 17.95%、17.70%。2004 年以来，特别是 2012 年以来，由于中国政府高度重视节能减排工作，碳排放量增速大幅下滑，"十二五"期间，中国通过一系列节能降耗措施，将中国碳排放强度降低了 20%，超额完成了"十二五"规划 17% 的目标，得到国际社会的广泛赞誉，展示了负责任大国的良好形象。

中国近些年能源发展有何战略方针？

节约优先战略
到2020年，煤炭消费总量控制在42亿吨左右

绿色低碳战略
到2020年，煤炭消费比重控制在62%以内

立足国内战略
到2020年，能源自给能力保持在85%左右

创新驱动战略
建设能源科技强国

能源发展战略行动计划（2014～2020年）战略方针

资料来源：国家能源局。

2014年6月7日，国务院办公厅印发《能源发展战略行动计划（2014—2020年）》（以下简称《行动计划》），明确了2020年我国能源发展的总体目标、战略方针和重点任务，部署推动能源创新发展、安全发展、科学发展。这是今后一段时期我国能源发展的行动纲领。《行动计划》重点实施四大战略：一是节约优先战略。把节约优先贯穿于经济社会及能源发展的全过程，到2020年，一次能源消费总量控制在48亿吨标准煤左右，煤炭消费总量控制在42亿吨左右。二是立足国内战略。坚持立足国内，将国内供应作为保障能源安全的主渠道，牢牢掌握能源安全的主动权。到2020年，基本形成比较完善的能源安全保障体系。国内一次能源生产总量达到42亿吨标准煤，能源自给能力保持在85%左右，石油储采比提高到14～15，能源储备应急体系基本建成。三是绿色低碳战略。着力优化能源结构，把发展清洁低碳能源作为调整能源结构的主攻方向。到2020年，非化石能源占一次能源消费比重

达到15%，天然气比重达到10%以上，煤炭消费比重控制在62%以内。四是创新驱动战略。深化能源体制改革，加快重点领域和关键环节改革步伐，完善能源科学发展体制机制，充分发挥市场在能源资源配置中的决定性作用，建设能源科技强国。到2020年，基本形成统一开放竞争有序的现代能源市场体系。

中国近些年能源发展主要目标是什么？

"十三五"时期能源发展主要指标

类别	指标	单位	2015 年	2020 年	年均增长	属性
能源总量	一次能源生产总量	亿吨标准煤	36.2	40	2.0%	预期性
	电力装机总量	亿千瓦	15.3	20	5.5%	预期性
	能源消费总量	亿吨标准煤	43	<50	<3.0%	预期性
	煤炭消费总量	亿吨原煤	39.6	41	0.7%	预期性
	全社会用电量	万亿千瓦时	5.69	6.8～7.2	3.6%～4.8%	预期性
能源安全	能源自给率	%	84	>80		预期性
能源结构	非化石能源装机比重	%	35	39	〔4〕	预期性
	非化石能源发电量比重	%	27	31	〔4〕	预期性
	非化石能源消费比重	%	12	15	〔3〕	约束性
	天然气消费比重	%	5.9	10	〔4.1〕	预期性
	煤炭消费比重	%	64	58	〔-6〕	约束性
	电煤占煤炭消费比重	%	49	55	〔6〕	预期性
能源效率	单位国内生产总值能耗降低	%	—	—	〔15〕	约束性
	煤电机组供电煤耗	克标准煤/千瓦时	318	<310		约束性
	电网线损率	%	6.64	<6.5		预期性
能源环保	单位国内生产总值二氧化碳排放降低	%	—	—	〔18〕	约束性

资料来源：《能源发展"十三五"规划》。

2016年12月26日，国家发展改革委国家能源局印发《能源发展"十三五"规划》，主要阐明我国能源发展的指导思想、基本原则、发展目标、重点任务和政策措施，是"十三五"时期我国能源发展的总体蓝图和行动纲领。按照"十三五"规划纲要总体要求，综合考虑安全、资源、环境、技术、经济等因素，2020年能源发展主要目标包括：

（1）能源消费总量。能源消费总量控制在50亿吨标准煤以内，煤炭消费总量控制在41亿吨以内。全社会用电量预期为6.8万亿～7.2万亿千瓦时。

（2）能源安全保障。能源自给率保持在 80% 以上，增强能源安全战略保障能力，提升能源利用效率，提高能源清洁替代水平。

（3）能源供应能力。保持能源供应稳步增长，国内一次能源生产量约 40 亿吨标准煤，其中煤炭 39 亿吨、原油 2 亿吨、天然气 2200 亿立方米、非化石能源 7.5 亿吨标准煤。发电装机 20 亿千瓦左右。

（4）能源消费结构。非化石能源消费比重提高到 15% 以上，天然气消费比重力争达到 10%，煤炭消费比重降低到 58% 以下。发电用煤占煤炭消费比重提高到 55% 以上。

（5）能源系统效率。单位国内生产总值能耗比 2015 年下降 15%，煤电平均供电煤耗下降到每千瓦时 310 克标准煤以下，电网线损率控制在 6.5% 以内。

（6）能源环保低碳。单位国内生产总值二氧化碳排放比 2015 年下降 18%。能源行业环保水平显著提高，燃煤电厂污染物排放显著降低，具备改造条件的煤电机组全部实现超低排放。

（7）能源普遍服务。能源公共服务水平显著提高，实现基本用能服务便利化，城乡居民人均生活用电水平差距显著缩小。

中国近些年有哪些重点行动来推进能源"互联网＋"行动？

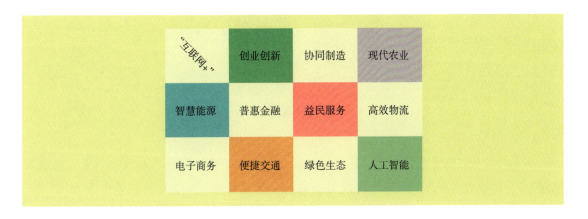

11 项重点行动

2015 年 7 月 4 日，国务院发布《关于积极推进"互联网＋"行动的指导意见》，明确未来三年以及十年的发展目标，提出包括创业创新、协同制造、现代农业、智慧能源等在内的 11 项重点行动，并就做好保障支撑进行了部署。这一顶层设计将加快推进"互联网＋"的发展，有利于形成经济发展新动能，催生经济新格局。指导意见部署了"互联网＋"创业创新、"互联网＋"协同制造、"互联网＋"现代农业、"互联网＋"智慧能源、"互联网＋"普惠金融、"互联网＋"益民服务、"互联网＋"高效物流、"互联网＋"电子商务、"互联网＋"便捷交通、"互联网＋"绿色生态、"互联网＋"人工智能11项重点行动。这些行动计划既涵盖了制造业、农业、金融、能源等具体产业，也涉及环境、养老、医疗等与百姓生活息息相关的方面。

中国近些年生态文明建设过程中有哪些发展理念改变？

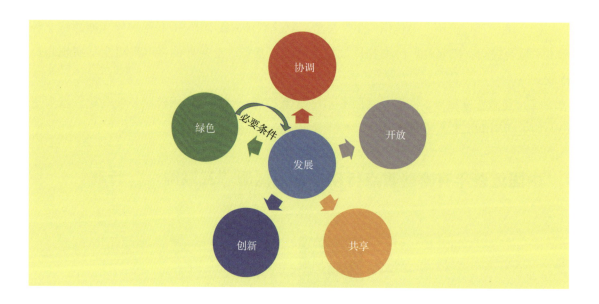

五大发展理念

在党的十八届五中全会上，习近平同志提出创新、协调、绿色、开放、共享"五大发展理念"，将绿色发展作为关系我国发展全局的一个重要理念。李克强总理在2016年《政府工作报告》中阐述"十三五"时期主要目标和重大举措时强调：推动形成绿色生产生活方式，加快改善生态环境。

绿色发展，注重的是更加环保、更加和谐。要想实现绿色发展，需要不断地技术创新和理念创新。同时，绿色发展将显著提高人民的生活质量，使共享发展成为有质量的发展。

中国正在采取哪些措施推动能源可持续发展，应对全球气候变化？

中国当前推进能源可持续发展的重要举措

作为全球最大的发展中国家，能源问题在中国是一个重大战略问题。中国正在推进能源生产和利用方式变革，构建安全、稳定、经济、清洁的现代能源产业体系，以积极应对全球气候变化。

中国为完成 INDC 非化石能源发展目标，在发展非化石能源方面行动力度如何？

中国在降低碳强度和发展非化石能源方面的行动力度预估

指标 ＼ 年份	2005～2020	2020～2030	2030～2040	2040～2050
单位 GDP 的 CO_2 强度年度下降率（%）	3.9	4.4	6.3	9.2
年均新增非化石能源装机（吉瓦）	41.5	62.8	79.6	90.1
年均新增风能装机（吉瓦）	13.9	23	31	35

续表

指标 ＼ 年份	2005～2020	2020～2030	2030～2040	2040～2050
年均新增太阳能装机（吉瓦）	7	24.5	33	40.8
年均新增核能装机（吉瓦）	3.4	9	9.3	10.5

注：2020 年的碳强度和非化石能源目标分别根据 45％ 和 15％ 计算，2030 年的碳强度和非化石能源目标根据 65％ 和 20％ 计算。

资料来源：国家气候战略中心《对中国国家自主贡献的几点评论》。

中国提出了国家自主贡献（INDC）的非化石能源目标：到 2030 年，非化石能源在总的能源当中的比例要提升到 20％ 左右。根据国家气候战略中心推算，与已有的 2020 年减排承诺相比，中国 2020 年后的减排力度将呈现全面加速增长的态势，行动力度进一步增强。2020～2030 年中国单位 GDP 的二氧化碳强度下降速率将进一步提高，从 2005～2020 年的平均 3.9％ 上升到 4.4％。与此同时，中国将加快非化石能源项目的部署和建设，推动提高非化石能源的增速。2030 年中国非化石电力装机预期需在 2014 年的基础上增长 9 亿千瓦左右，与 2014 年全国火电总装机基本相当。年均非化石能源装机需从 2005～2020 年的 4150 万千瓦上升到 2020～2030 年的 6280 万千瓦，并进一步上升到 2040～2050 年的 9010 万千瓦左右。

2020 年各省（自治区、直辖市）行政区域全社会用电量中非水电
可再生能源电力消纳量比重指标

单位：%

地区	非水可再生能源电力消纳量比重目标	地区	非水可再生能源电力消纳量比重目标
北京	10	湖北	7
天津	10	湖南	7
河北	10	广东	7
山西	10	广西	5
内蒙古	13	海南	10
辽宁	13	重庆	5
吉林	13	四川	5
黑龙江	13	贵州	5

续表

地区	非水可再生能源电力消纳量比重目标	地区	非水可再生能源电力消纳量比重目标
上海	5	云南	10
江苏	7	西藏	13
浙江	7	陕西	10
安徽	7	甘肃	13
福建	7	青海	10
江西	5	宁夏	13
山东	10	新疆	13
河南	7		

资料来源：《关于建立可再生能源开发利用目标引导制度的指导意见》。

为了进一步推动可再生能源开发利用，国家能源局 2016 年 2 月 29 日印发《关于建立可再生能源开发利用目标引导制度的指导意见》，根据各地区可再生能源资源状况和能源消费水平，依据全国可再生能源开发利用中长期总量目标，制定各省（区、市）能源消费总量中的可再生能源比重目标和全社会用电量中的非水电可再生能源电量比重指标。鼓励各省（区、市）能源主管部门制定本地区更高的可再生能源利用目标。

美国退出《巴黎协定》后，包括中国在内的世界各国的应对政策如何？

2017 年 6 月 1 日，美国总统特朗普在白宫宣布退出应对气候变化的《巴黎协定》，声称要振兴煤炭工业"让美国再次伟大"，此举让美国在联合国、G7 和 G20 等国际会议上受到空前孤立。

在美国宣布退出《巴黎协定》后的一个月，2017 年 7 月，G20 峰会期间，除美国外的 G19 共同提出《促进增长的气候和能源行动计划》（以下简称《计划》）。《计划》列出了促进各国清洁能源转型的具体措施，涵盖国家自主贡献、长期低温室气体排放发展战略、提高能效、气候融资、淘汰化石燃料补贴等议题。《计划》指出，由于美国仍在审视其气候政策，因此对该计划持保留意见，而其他 19 个成员国则一致支持这一行动计划。除美国外，包括中国在内的 G20 其他成员国均在《计划》中做出如下承诺：

促进增长的气候和能源行动计划

分类	说明
在落实短期以及中长期目标方面	1. 承诺将坚决履行各自的国家自主贡献，并增强国家合作，通过 INDC 伙伴计划等形式协助其他非 G20 成员国更好地应对气候变化 2. 鼓励各成员国于 2020 年前提交长期低温室气体排放发展战略，推动各成员国内部相关法规政策的制定，将气候行动纳入促进经济增长的主流政策之中，并强调长期去碳化策略将引导对基础设施的投资流向低碳领域 3. 致力于推动能源转型，以构建可负担的、可靠的、可持续且低温室气体排放的能源体系
在兑现 1000 亿美元气候资金承诺方面	重申发达国家向发展中国家提供每年 1000 亿美元的气候资金承诺，增强资金来源的透明度，并认识到绿色气候基金、全球环境基金等多边气候融资机构对全球气候治理的重要性
在气候融资与化石燃料补贴改革方面	1. 创造有利的投资环境以引导公共投资和私人投资等资金流向与《巴黎协定》的要求相一致，鼓励企业与投资者进行气候相关金融风险的披露，并鼓励符合《巴黎协定》要求的私人投资行为 2. 邀请经合组织、联合国环境规划署和世界银行，汇编及整理 G20 国家内部符合《巴黎协定》要求的投资行为，并就如何进一步促进此类投资行为给出建议 3. 呼吁多边开发性银行增强在适应和减缓资金方面的合作，以支持国家推动长期低碳发展战略，并说明如何进一步调动私有资金以实现《巴黎协定》和 2030 可持续发展议程的目标 4. 重申到 21 世纪中期淘汰鼓励浪费且无效的化石燃料补贴的承诺，并鼓励尚未完成化石燃料同行评议的 G20 成员国尽快进行评议

党的十九大报告也指出，过去 5 年，中国引导应对气候变化国际合作，成为全球生态文明建设的重要参与者、贡献者、引领者。"一带一路"倡议和绿色发展的结合意味着中国正结合国家的核心战略，将在全球环境和气候治理中继续发挥引领作用，以实际行动推动《巴黎协定》落实。2017 年 6 月 1 日，中国外交部发言人华春莹在例行记者会上表示中国将继续认真执行《巴黎协定》。《巴黎协定》的成果来之不易，凝聚了国际社会最广泛的共识，为全球合作应对气候变化进程明确了进一步努力的方向和目标。中方愿与有关各方共同努力，共同维护《巴黎协定》成果，推动全球绿色、低碳、可持续发展。

金砖国家的能源生产和消费存在哪些主要异同？

金砖国家不仅经济规模大，而且增长迅速，在国际社会中的影响力日益显著。2015 年，金砖国家一次能源消费量约占全球一次能源消费总量的 36.5%，特别是煤炭生产和消费已分别达到世界的 64.3% 和 65.6%。但由于各国的历史背景、资源基础、经济实力和发展阶段不同，各国内部的发展特征仍然差异显著。

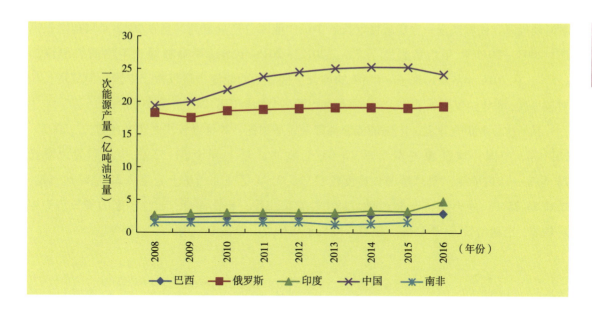

2008～2016 年金砖国家的一次能源生产总量

注：2016 年南非数据缺失。

资料来源：《金砖国家联合统计手册（2018）》。

俄罗斯与中国的一次能源产量远远高于印度、巴西和南非，这与两国所拥有的丰富能源储量有很大关系。在变动趋势上，除俄罗斯的产量在 2009 年有小幅减少以外，其余国家随

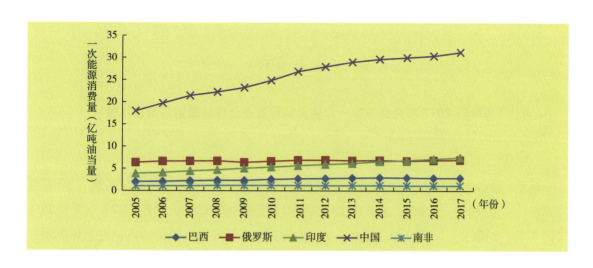

2005～2017 年金砖国家的一次能源消费量

资料来源：《BP 世界能源统计年鉴 2018》。

着时间推移，能源产量一直在缓慢增长。中国的能源总产量最高，且在 2012 年以前增长迅速，2008～2011 年年均增长率为 7%，2012～2015 年增速明显放缓，年均增长率仅为 1.5%，在 2016 年甚至出现了 －4.3% 的增长。俄罗斯的能源产量仅次于中国，但其增长相对较平缓，8 年内仅增长了 4.3%，印度和巴西则分别增长了 24.7% 和 20.9%。

从一次能源消费量看，中国的能源消费量遥遥领先，并且以较快的速度在增长。2005～2017 年，中国一次能源消费量从 18.03 亿吨油当量上升至 31.32 亿吨油当量，增长 73.60%；印度能源消费总量增长速度较快，从 3.94 亿吨油当量上升至 7.22 亿吨油当量，增长 83.25%，并于 2015 年超过俄罗斯，位于第二位；相比而言，其他国家的增长势头相对较弱，巴西增长了 40.15%，俄罗斯增长了 9.04%，而南非仅增长了 8.09%。

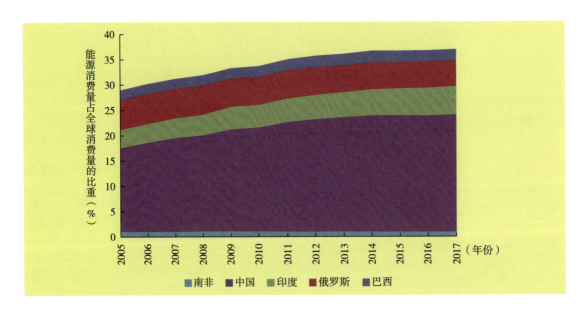

2005～2017 年金砖国家一次能源消费量占全球能源消费量的比重

资料来源：《BP 世界能源统计年鉴 2018》。

此外，金砖国家整体在世界能源消费格局中占据着越来越重要的地位。根据《BP 世界能源统计年鉴 2018》的数据，金砖国家一次能源消费量由 2005 年占世界的 29% 上升到 2017 年的 37%。除俄罗斯和南非外，其他各国一次能源消费量在世界总量所占比重总体上均是上升的，特别是中国，由 2005 年的 17% 持续增长到 2017 年的 23%。

金砖国家的能源消费结构存在哪些主要异同？

金砖国家作为发展中国家，其能源需求增长较快，能源消费主要来自煤炭、石油、天然气等化石燃料。

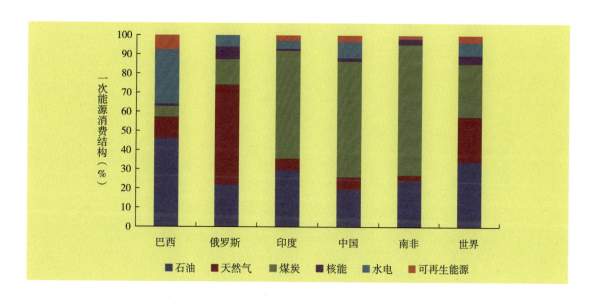

2017 年金砖国家和世界一次能源消费结构

资料来源：《BP 世界能源统计年鉴 2018》。

南非、中国和印度都是以煤炭为主导的能源消费结构。2017 年，三个国家中煤炭在总能源消费中的占比分别达到68%、60%和56%，远高于世界平均水平（28%）。巴西主要以石油和水电为主，分别占总量的46%与28%。俄罗斯则以清洁燃料——天然气为主要能源消费品种，使用比例达到52%。

五个金砖国家能源消费结构各不相同，但相似的是，核能和可再生能源的消费量均较低。核能方面，俄罗斯使用核能的比例最高，但也仅占其能源消费总量的7%；可再生能源方面，巴西使用比例最高，但仅占8%。尽管目前能源安全问题日益突出，环境保护和全球气候变化问题也日益严峻，然而清洁可再生能源的使用比例仍然较低。

金砖国家的能源对外依赖形势存在哪些主要异同？

从能源净进口量占能源消费总量的比重（以下简称能源对外依存度）看，印度、南非对能源进口的依赖性比较大，而俄罗斯能源消费对外依存度较低；中国能源对外依存度缓慢上升，能源安全、经济安全问题逐渐凸显。

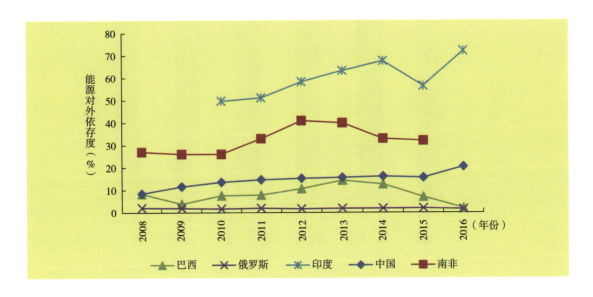

2008～2016年金砖国家的能源对外依存度

注：南非、印度部分数据缺失。

资料来源：《金砖国家联合统计手册（2018）》。

过去几年，中国能源对外依存度总体上逐年增长，从2008年的8.5%持续增长至2014年的16.2%，2015年微跌至15.7%后2016年再度增长到20.6%。我们预计，由于未来几年中国经济还将继续保持平稳增长态势，能源消费量还将不断攀升，能源对外依存度持续增加的趋势还将维持一段时间，2020年，中国能源依存度将达到26%。相比而言，俄罗斯的能源对外依存度变化不大，近些年一直保持在2%左右。而巴西的能源对外依存度波动比较大，2013年增至14.4%后逐步下跌至2016年的2.1%。印度、南非对能源进口的依赖性比较大，且波动较强，印度由2010年的50%逐步攀升至2016年的72.3%，南非则在25%～45%波动。

金砖国家的电力生产与消费存在哪些主要异同？

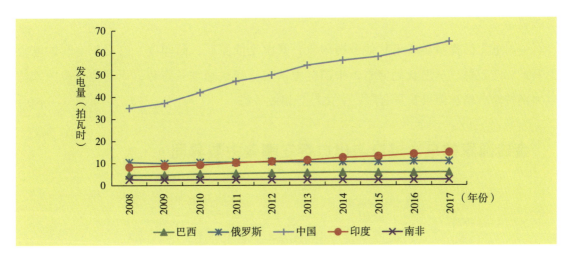

2008 ~ 2017 年金砖国家的发电量

资料来源：《BP 世界能源统计年鉴 2018》。

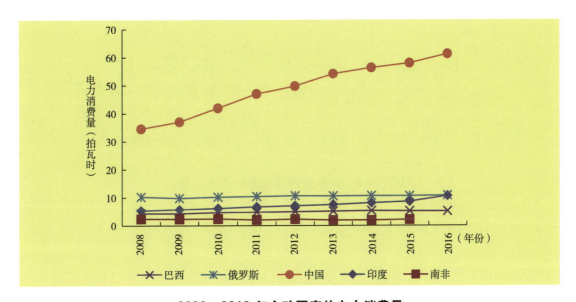

2008 ~ 2016 年金砖国家的电力消费量

注：南非 2016 年数据缺失。

资料来源：《金砖国家联合统计手册（2018）》。

过去几年，金砖国家的发电量基本上都呈现上行态势。尤其是中国的发电量增长趋势明显，2008～2017年增长85.80%，年均增长7.1%，而且发电绝对量明显超过其他国家，从2008年的3.5拍瓦时增加至2017年的6.5拍瓦时，这与过去几年中国装机容量急速发展有关。其余几个国家的发电量虽逐年增加但相对平稳，且各国的发电量相对较低。

中国电力消费明显高于其他金砖国家，其次是俄罗斯，而印度、巴西和南非的电力消费量相对较低。从增长趋势看，中国电力消费呈现快速增长态势，而其他金砖国家的电力消费略有增长但增长量有限，变化趋势相对平稳。

金砖国家的电力进口与出口存在哪些主要异同？

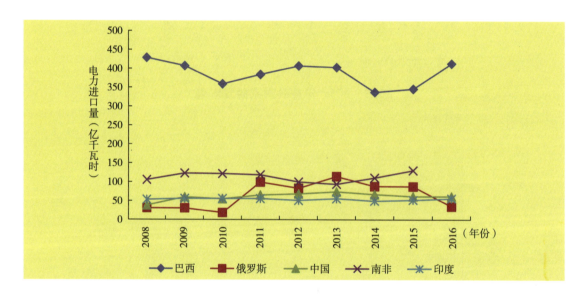

2008～2016年金砖国家的电力进口量

注：南非2016年数据缺失。

资料来源：《金砖国家联合统计手册（2018）》。

从金砖国家的电力进口看，巴西的电力进口量相对较高，2016年巴西电力进口达到413.1亿千瓦时。而南非、中国、俄罗斯的电力进口相对较低，均在150亿千瓦时以下。此外，与各国电力消费总额相比，电力进口量所占比例较低。例如，2015年中国电力消费量为61297亿千瓦时，电力进口量只占电力消费量的0.1%，巴西也仅占7.94%。

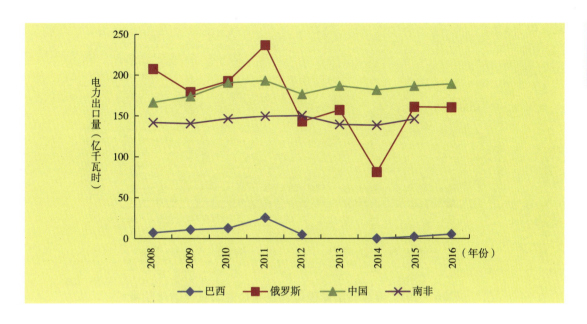

2008～2016 年部分金砖国家的电力出口量

注：巴西2013年数据缺失；印度出口量很小，且数据缺失严重，故不展示。

资料来源：《金砖国家联合统计手册（2018）》。

俄罗斯、中国与南非的电力出口量较高，巴西相对较低。2008～2015 年，中国的电力出口量先缓慢上升，后逐渐稳定，在 165 亿千瓦时至 190 亿千瓦时浮动；其主要输出到缅甸、老挝、朝鲜和蒙古等国家。而俄罗斯的电力出口量在这期间波动较大，2011 年达到高点 237 亿千瓦时后，下降到 2014 年的低点 81 亿千瓦时，2016 年又回升到 161 亿千瓦时。此外，巴西是一个典型以水力发电为主的国家，电力出口量较少。

金砖国家的碳排放量存在什么变化趋势与主要异同？

从碳排放量绝对量看，中国的碳排放量远高于其他金砖国家，2017 年，中国碳排放量分别是巴西、俄罗斯、印度和南非的 19.8 倍、6.1 倍、3.9 倍和 22.2 倍。作为全球最大的发展中国家，中国经济发展给环境带来了严重压力，在金砖国家中格外突出。

从碳排放量增长趋势看，2005～2011 年，中国的碳排放量持续上升，增幅达到 45%，年均增长 6.3%。2012 年以后，中国碳排放量稳定在 90 亿吨左右。印度的碳排放量虽然比中国低不少，但增速也较快，2005～2017 年，印度碳排放量增长 95%，年均增长 5.7%。此外，巴西和南非的碳排放量在此期间分别增长 41% 和 6%，而俄罗斯的碳排放量增幅最低，仅为4%。

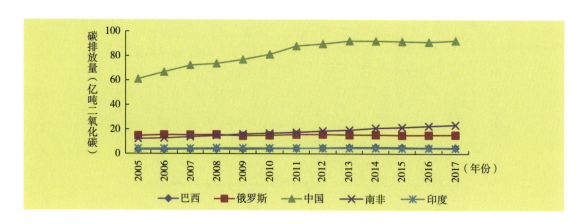

2005～2017年金砖国家能源消费导致的二氧化碳排放量

资料来源：《BP世界能源统计年鉴2018》。

总之，从可持续发展角度看，中国实行节能减排、转变发展方式、调整经济结构和产业结构，既是自身发展的需要，也符合世界经济社会发展的潮流和趋势。2017年10月，党的十九大报告将建设生态文明提升为"千年大计"，提出将"美丽"纳入国家现代化目标之中，明确"控制线"和制度规范，强力推进生态文明建设。

中国能源储量与生产态势

在世界能源由煤炭为主向油气为主的结构转变过程中，中国仍是极少数几个以煤为主的国家之一。如今，中国在以"煤炭为主体、电力为中心、石油天然气和可再生能源全面发展的能源供应新格局"的基础上，着重提高新能源与可再生能源的比重，提高清洁能源替代率，深化能源体制改革，优化能源系统，已取得了初步成效。

中国的煤炭资源储量有多大？主要分布在哪些地区？

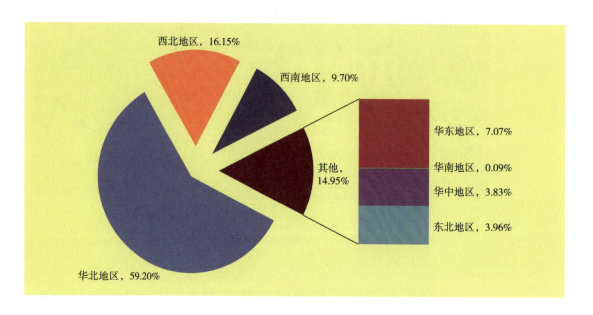

2016 年中国各地区煤炭资源储量占比

注：上述数据不包括中国台湾。

资料来源：《中国统计年鉴 2017》。

　　中国煤炭资源相当丰富，2016 年基础储量 2492 亿吨。然而，中国的煤炭资源分布比较集中，北多南少。按区域划分，华北地区煤炭储量 1745 亿吨，位居几大区域之首；按省市划分，山西（916 亿吨）、内蒙古（510 亿吨）、陕西（163 亿吨）、新疆（162 亿吨）、贵州（111 亿吨）的煤炭储量位居全国前五位，五省煤炭基础储量约占全国的 75%。

中国的石油资源储量有多大？主要分布在哪些区域？

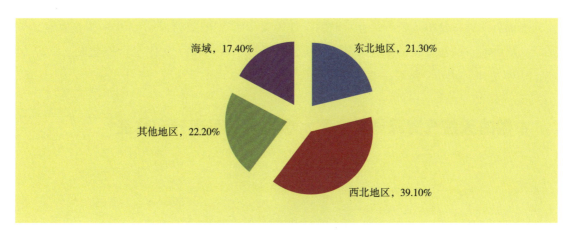

2016 年中国石油储量区域分布

资料来源：《中国统计年鉴 2017》。

中国是石油资源总量较为丰富的国家之一。根据《全国油气资源动态评价 2015》，石油

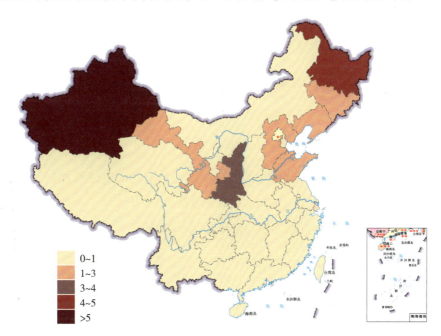

2016 年中国石油资源的区域分布

注：上述数据不包括中国台湾。单位：亿吨。

资料来源：《中国统计年鉴 2017》。

地质资源量1257亿吨，可采资源量301亿吨。2016年石油基础储量35.01亿吨。按区域划分，西北地区储量达到13.69亿吨，位居几大区域之首；其次为东北地区，储量为7.45亿吨。

中国石油资源分布比较广泛。《中国统计年鉴2017》的数据显示，2016年，新疆、黑龙江、陕西的石油基础储量位居全国前三位，均超过了3亿吨，分别为5.96亿吨、4.27亿吨、3.84亿吨；此外，海域石油储量达到6.09亿吨。

中国的天然气资源是否丰富？区域分布呈现什么特征？

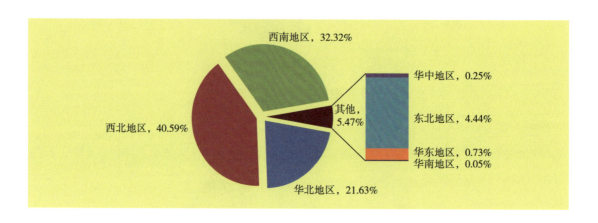

2016年中国天然气基础储量区域分布

注：上述数据不包括中国台湾。

资料来源：《中国统计年鉴2017》。

中国天然气资源丰富，但开采程度较低。《全国油气资源动态评价2015》的数据表明，中国天然气地质资源量90.3万亿立方米，可采资源量50.1万亿立方米。根据《中国统计年鉴2017》的数据，2016年全国天然气基础储量达到5.44万亿立方米。从区域分布看，陆上天然气基础储量占91%，海域占9%。陆上天然气资源集中分布在西北、华北和西南地区，而东部地区天然气资源相对较少。2016年，四川、新疆、内蒙古的天然气基础储量位居全国前三位，分别为13192亿立方米、10252亿立方米、9630亿立方米；此外，海域天然气基础储量达5087亿立方米。

中国的水能资源储量及其开发程度如何？呈现什么流域分布特征？

中国水能资源蕴藏量及可开发的水能资源

流域	理论蕴藏量		技术可开发量			经济可开发量		
	年电量（亿千瓦时）	平均功率（兆瓦）	电站数（座）	装机容量（兆瓦）	年发电量（亿千瓦时）	电站数（座）	装机容量（兆瓦）	年发电量（亿千瓦时）
长江流域	24335.98	277808	5748	256272.9	11878.99	4968	228318.7	10498.34
黄河流域	3794.13	43312.1	535	37342.5	1360.96	482	31647.8	1111.39
珠江流域	2823.94	32236.7	1757	31288	1353.75	1538	30021	1297.68
海河流域	247.94	2830.3	295	2029.5	47.63	210	1510	35.01
淮河流域	98	1118.5	185	656	18.64	135	556.5	15.92
东北诸河	1454.8	16607.4	688+26/2	16820.8	465.23	510+26/2	15729.1	433.82
东南沿海诸河	1776.11	20275.3	2558+1/2	19074.9	593.39	2532+1/2	18648.3	581.35
西南国际诸河	8630.07	98516.8	609+1/2	75014.8	3731.82	532	55594.4	2884.36
雅鲁藏布江及西藏其他河流	14034.82	160214.8	243	84663.6	4483.11	130	2595.5	119.69
北方内陆及新疆诸河	3633.57	41479.1	712	18471.6	805.86	616	17174	756.39
全国统计	60829.36	694399	13286+28/2	541634.6	24739.38	11653+27/2	401795.3	17733.95

注：上述数据不包括中国台湾。主要是根据水能蕴藏量达1万千瓦以上和部分近1万千瓦的河流统计的。

资料来源：《中国水力发电年鉴（第十卷）》。

中国水能资源丰富，全国水能理论蕴藏量年发电量达60829.36亿千瓦时，平均功率达到694399兆瓦。根据其可开发量看，长江流域可建电站数最多，并且为装机容量十大流域之首。中国水能资源地区分布很不平衡，从流域看，长江流域最为丰富，其次是雅鲁藏布江流域、西南国际流域、黄河流域和珠江流域。从地区看，水能资源最丰富的在四川、云南、西藏、青海、湖北、湖南、贵州、广西以及新疆等。

中国的风能资源开发潜力如何？主要分布在哪些区域？

中国幅员辽阔，陆疆总长达2万多千米，还有1.8万千米的海岸线，边缘海中有岛屿5000多个，理论风能资源丰富，潜在可开发量巨大。但是，我国风能资源地理分布不均衡，呈现"北方多南方少，沿海多内陆少"的特征，"三北"地区是风能资源最丰富的地区。中国最大的风能资源区以及风能资源丰富区主要分布在长江到南澳岛之间的东南沿海及其岛屿，包括山东、辽东半岛、黄海之滨，南澳岛以西的南海沿海、海南岛和南海诸岛，内蒙古从阴山山脉以北到大兴安岭以北，新疆达坂城、阿拉山口、河西走廊、松花江下游、张家口北部等地区以及分布各地的高山山口和山顶。

中国的太阳能资源是否丰富？哪些地区资源最为丰富？

中国太阳能资源丰富，地区性差异较大，总体上呈现高原、少雨干燥地区大，平原、多雨高湿地区小的特点。2017 年，全国陆地表面年平均水平面总辐射量为 1488.5 千瓦时（平方米·年）。

中国太阳能资源分区

区域	指标〔千瓦时/（平方米·年）〕	占国土面积（%）
最丰富带	≥1750	17.4
很丰富带	1400 ~ 1750	42.7
较丰富带	1050 ~ 1400	36.2
一般带	≤1050	3.7

资料来源：《2017 年中国风能太阳能资源年景公报》。

2017 年，我国东北西部、华北北部、西北和西南大部年水平面总辐射量超过 1400 千瓦时（平方米·年），其中新疆东部、西藏中西部、青海大部、甘肃西部、内蒙古西部年水平面总辐射量超过 1750 千瓦时/（平方米·年），太阳能资源最丰富，新疆大部、内蒙古大部、甘肃中东部、宁夏、陕西山西河北北部、青海东部南部、西藏东部、四川西部、云南大部及海南等地年水平面总辐射量 1400 ~ 1750 千瓦时/（平方米·年），太阳能资源很丰富；东北大部、华北南部、黄淮、江淮、江汉、江南及华南大部分年份水平面总辐射量 1050 ~ 1400 千瓦时/（平方米·年），太阳能资源丰富；四川东部、重庆、贵州中东部、湖南及湖北西部地区年水平面总辐射量不足 1050 千瓦时/（平方米·年），为太阳能资源一般区。

中国的地热能资源潜力如何？主要分布在哪些地区？

根据原国土资源部中国地质调查局 2015 年调查评价结果，全国 336 个地级以上城市浅层地热能年可开采资源量折合 7 亿吨标准煤；全国水热型地热资源量折合 1.25 万亿吨标准煤，年可开采资源量折合 19 亿吨标准煤；埋藏在 3000～10000 米的干热岩资源量折合 856 万亿吨标准煤。

我国地热资源分布

资源类型			分布地区
浅层地热资源			东北地区南部、华北地区、江淮流域、四川盆地和西北地区东部
水热型地热资源	中低温	沉积盆地型	东部中、新生代平原盆地，包括华北平原、河淮盆地、苏北平原、江汉平原、松辽盆地、四川盆地以及环鄂尔多斯断陷盆地等地区
		隆起山地型	藏南、川西和滇西、东南沿海、胶东半岛、辽东半岛、天山北麓等地区
	高温		藏南、川西、滇西等地区
干热岩资源			主要分布在西藏，其次为云南、广东、福建等东南沿海地区

中国的能源产量近些年呈现什么变化趋势？在全世界的排名如何？

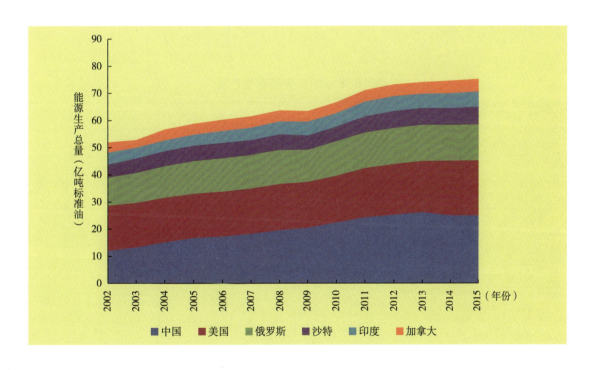

2002～2015 年主要国家能源生产总量

资料来源：《中国能源统计年鉴 2017》。

中国是全球重要的能源生产大国。从世界范围看，自 1978 年改革开放以来，中国能源生产总量在全球的排名一直稳居前三名；2006 年，中国一跃成为全球最大的能源生产国，直至当前。

中国不同品种能源产量在全球的排名

能源类型	年份	2002	2006	2007	2012	2013	2014	2015	2016	2017
煤炭	位次	1	1	1	1	1	1	1	1	1
原油	位次	6	5	5	4	4	4	4	7	7
天然气	位次	17	11	10	7	6	6	5	6	6
电力	位次	2	2	2	1	1	1	1	1	1

资料来源：《BP 世界能源统计年鉴 2018》。

中国各能源品种的产量在全球的排名不断提升。2017 年，中国已经成为全球最大的煤炭生产国和电力生产国，原油和天然气产量在全球分别排第七和第六名。

2018 年中国主要能源生产量

能源类型	单位	产量	同比增长（%）
一次能源生产总量	亿吨标准煤	37.7	5.0
原煤	亿吨	36.8	4.5
原油	万吨	18910.6	−1.3
天然气	亿立方米	1602.7	8.3
发电量	亿千瓦时	71117.7	7.7
火电	亿千瓦时	50738.6	6.7
水电	亿千瓦时	12342.3	3.0
核电	亿千瓦时	2943.6	18.7
并网风电	亿千瓦时	3660	19.73

资料来源：《国民经济和社会发展统计公报 2018》。

根据《国民经济和社会发展统计公报（2018）》，2018 年中国一次能源生产总量达到 37.7 亿吨标准煤；生产原煤 36.8 亿吨，同比增长 4.5%；生产原油 18910.6 万吨，同比下降 1.3%；天然气生产量达到 1602.7 亿立方米，同比增长 8.3%；全年全口径发电量 71117.7 亿千瓦时，比上年增长 7.7%。其中核电、并网风电发电量高速增长，分别同比增长 18.7%、19.73%。

中国的煤炭产量呈现什么变化态势？煤炭生产基地主要分布在哪些区域？

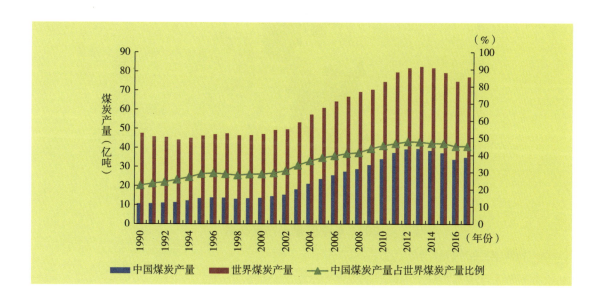

1990~2017 年中国及世界煤炭产量

资料来源：《BP 世界能源统计年鉴 2018》。

1990~2000 年，中国煤炭产量相对稳定，略有增长。2001 年以来，在市场的强劲拉动和国家政策支持下，中国煤炭产量一直保持较快增长态势，2001~2013 年，中国原煤产量从 13 亿吨增加到 39.7 亿吨，同时，中国原煤产量占世界原煤产量的比例也从 2001 年的 30% 上升到 2013 年的 48%。

2014 年全国煤炭产量 38.7 亿吨，同比下降 2.5%，这是自 2000 年以来的首次下降。在经济放缓的大背景下，煤炭行业市场需求不旺、产能过剩、进口规模增大等多重因素下，煤炭产量出现下降趋势。2016 年，煤炭行业供给侧改革，淘汰落后产能、提高能源供给质量，煤炭产量持续下降。2017 年，为稳定整个煤炭市场的工序平衡，煤炭产量有所回升。

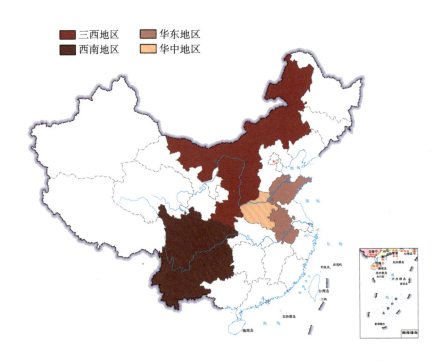

2017 年中国煤炭产区分布

注：上述数据不包括中国台湾。

资料来源：《中国统计年鉴 2018》。

从地区分布来看，中国煤炭产量主要集中在三西（山西、内蒙古西部和陕西）、西南（云南、贵州、四川）、华东（山东、安徽）和华中（河南）几个区域。其中，2017 年三西地区煤炭产量占全国比重约为 64.8％，西南地区煤炭产量占全国比重约为 7.5％，华东地区煤炭产量占全国比重约为 10.6％，华中地区煤炭产量占全国比重约为 3.9％。

中国的石油产量近些年有什么变化趋势？主要分布在哪些地区？

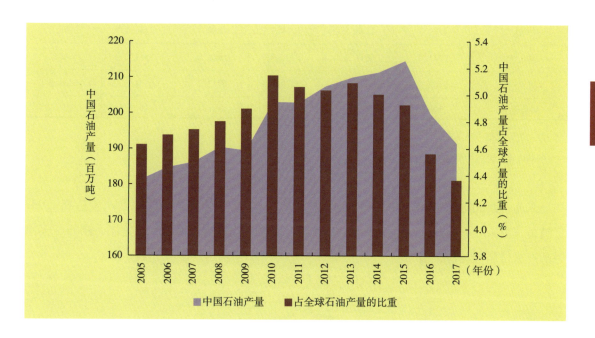

2005～2017 年中国石油产量及其在全球的比重

资料来源：《BP 世界能源统计年鉴 2018》。

BP 数据显示，2005～2015 年，中国石油产量总体上是上扬的，增幅较小，为 18%，年均增长 3%。同时，中国石油产量占全球石油产量的比重也稳中有升，从 4.6% 上升到 4.9%。但近几年国际石油价格下跌，中国经济增速回落，国内石油消费增速放缓，在资源及政策导向下，国内石油产量已经连续两年下降。

2005～2016 年中国各区域原油产量　　单位：万吨

地区＼年份	2011	2012	2013	2014	2015	2016
华北地区	3773.9	3682.3	3635.5	3688.6	4122.7	3864.2
华东地区	2910.6	2974.5	2935.8	2924.9	2805.3	2467.8

续表

年份 地区	2011	2012	2013	2014	2015	2016
中南地区	1739.3	1786.1	1918.7	1882.1	2136.2	2006.9
东北地区	5745.4	5811.9	5705.7	5685.8	5541.2	5284
西北地区	6102.2	6475.5	6773.9	6942.2	6834.8	6334.9
西南地区	16.2	17.5	22.4	19.2	15.4	10.8

注：上述数据不包括中国台湾。

资料来源：笔者根据历年《中国能源统计年鉴》整理得到。

　　东北、西北地区一直是中国原油生产最主要的区域，2016年，全国原油产量达到1.997亿吨，其中东北、西北地区原油产量占到全国总产量的58%；而且，黑龙江、陕西、天津原油产量位居全国各省前三位。

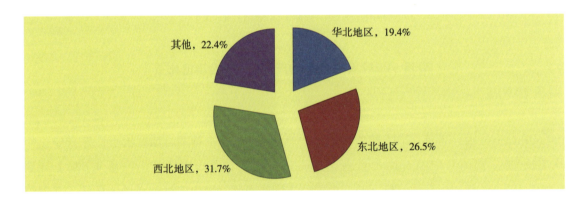

2016 年中国各区域石油产量占全国总产量之比

注：上述数据不包括中国台湾。

资料来源：《中国能源统计年鉴2017》。

　　根据《中国能源统计年鉴2017》数据显示，2016年，中国全年生产原油19969万吨，比去年下降6.93%；加工原油54101万吨，同比增长3.6%；生产成品油33968万吨，增长0.59%。

中国的天然气产量主要分布在哪些地区？未来页岩气发展目标如何？

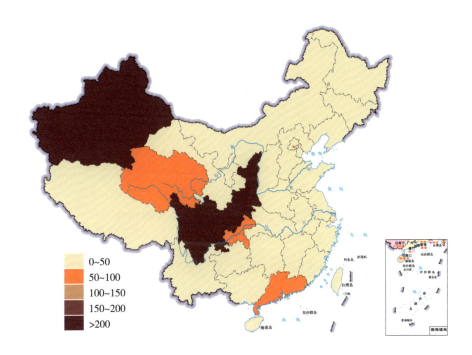

2017 年中国天然气生产区域分布

注：上述数据不包括中国台湾。单位：亿立方米。

资料来源：《中国统计年鉴 2018》。

2017 年，中国天然气产量为 1480 亿立方米，同比增长 8.2%。据中国海关总署统计，2017 年天然气进口量（含液化天然气）955.8 亿立方米，比上年增长 26.9%。统计数据显示，陕西天然气的产量达 419.4 亿立方米，同比上升了 1.82%，占全国总产量的 28.3%。紧随其后的是四川、新疆和广东，分别占总产量的 24.07%、20.74% 和 6.03%。

进一步加强页岩气资源调查评价工作，落实页岩气经济可采资源量，掌握"甜点区"分布，提高页岩气资源探明程度。同时，积极推进页岩气勘查评价数据库的建立

通过国家科技计划（专项、基金等）加强支持页岩气技术攻关，紧密结合页岩气生产实践中的技术难题，开展全产业链关键技术攻关和核心装备研发；同时，加强页岩气勘探开发前瞻性技术的研究和储备

措施
（2016~2020年）

引入各类投资主体，构建页岩气行业有效竞争的市场结构和市场体系，充分发挥市场对资源的配置作用，增加页岩气投资，降低开发成本。鼓励合资合作和对外合作，加快现有优质区块的勘探开发进度

落实好页岩气开发利用补贴政策，各级地方政府要在土地征用、城乡规划、环评安评、社会环境等方面给予页岩气企业积极支持，为页岩气产业发展创造良好的外部环境

2016～2020 年中国页岩气发展的主要措施

中国页岩气"十三五"期间的发展目标是：到 2020 年，完善成熟 3500 米以浅海相页岩气勘探开发技术，突破 3500 米以深海相页岩气、陆相和海陆过渡相页岩气勘探开发技术；在政策支持到位和市场开拓顺利的情况下，力争实现页岩气产量 300 亿立方米。到 2030 年实现页岩气产量 800 亿～1000 亿立方米。争取在"十四五"及"十五五"期间，海相、陆相及海陆过渡相页岩气开发均获得突破，新发现一批大型页岩气田，并实现规模有效开发，促进页岩气产业进一步发展。

中国《天然气"十三五"规划》预计，到 2020 年，中国天然气累计探明地质储量达到 18.5 万亿立方米（包括煤层气、页岩气及常规天然气），国内天然气综合保供能力达到 3600 亿立方米以上。

中国的电力生产结构具有什么特征？哪些地区发电量位居前列？

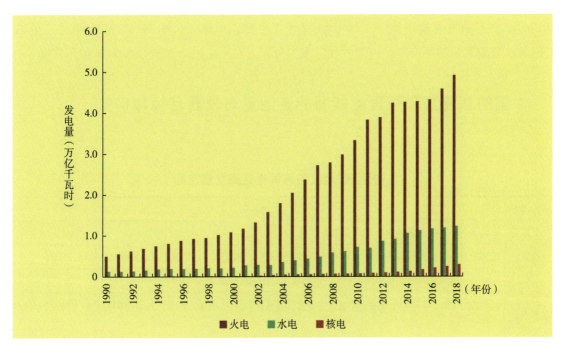

1990～2018 年中国电力生产量

资料来源：1990～2015 年资料来源于《中国统计年鉴》，2016～2018 年数据来源于中电联《全国电力工业统计快报》。

中国的电力生产一直以煤电为主，但清洁能源的占比也在上升。2018 年底，全口径发

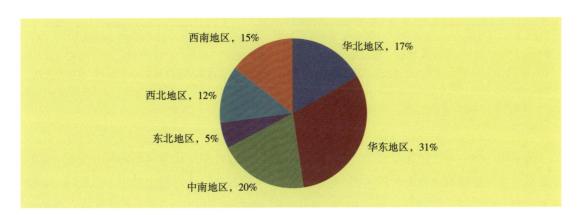

2017 年中国发电量区域分布

注：上述数据不包括中国台湾。

资料来源：中国电力企业联合会。

电装机容量达 18.99 亿千瓦，同比增长 6.5%；全口径发电量 6.99 万亿千瓦时，同比增长 8.39%。其中，火电生产量占电力生产总量的 70%，水电占 18%，核电占 4%。

从区域分布看，中国电力生产主要是华东、中南和华北地区。从各省市的发电量来看，2017 年，江苏省发电量居首位，达 4885 亿千瓦小时，同比增长 3.74%，占全国总产量的 7.61%。紧随其后的是山东、内蒙古和广东，分别占总产量的 7.57%、6.89% 和 6.77%。

中国的新能源和可再生能源的资源量与发展目标如何？

主要国家/地区的可再生能源发展目标

国家/地区	发展目标
欧盟	将 2030 年可再生能源目标从 27% 上调为 32%
丹麦	到 2030 年，可再生能源满足至少 50% 的能源消费需求；到 2050 年，用非化石能源替代全部化石能源
美国	到 2030 年推动向可再生能源领域和支持电网技术的美国新私营部门投资 1 万亿美元
日本	把太阳能和风能等可再生能源定位为主力电源，提出到 2030 年将可再生能源发电比例提升至 22% - 24% 的目标
俄罗斯	到 2020 年将可再生能源（不含大水电）发电比重提高至 4.5%，即新增可再生能源发电产能 22 吉瓦
巴西	在 2024 年将可再生能源总装机提高至 173.6 吉瓦，将水电作为发展重点
印度	到 2022 年将可再生能源装机增至 175 吉瓦，并在 2027 年达到 275 吉瓦
南非	2030 年将该国可再生能源装机容量提高到 17.8 吉瓦
中国	实现 2020 年、2030 年非化石能源占一次能源消费比重，分别达到 15%、20% 的目标

资料来源：欧盟部分来自欧洲议会、欧洲理事会和欧盟委员会各方代表修订并签署的《可再生能源指令协议》；丹麦部分来自其出台的《能源战略 2050》；美国部分来自美国可再生能源理事会 ACORE 宣布的计划；日本部分来自其 2017 年发布的《能源白皮书》；俄罗斯部分来自其发布的《2030 年能源战略》；巴西部分来自其发布的《2024 年能源规划》；印度部分来自其 2016 年底发布的第十三期国家电力规划草案；南非部分来自其制定的《2010 年综合资源规划》；中国部分来自国家可再生能源发展"十三五"规划。

随着国际社会对保障能源安全、保护生态环境、应对气候变化等问题的日益重视，加快开发利用可再生能源已成为世界各国的普遍意识和一致行动，许多国家提出了以发展可再生能源为核心内容的能源转型战略。其中，90% 以上的联合国气候变化《巴黎协定》签约国都设定了可再生能源发展目标。欧盟、日本以及美国等发达国家也把发展可再生能源作为温室气体减排的重要措施。

中国的新能源与可再生能源的资源量

种类		每年可再生能源资源可开发量	折合标准煤（亿吨标准煤）
太阳能		1000 亿千瓦	17000
风能		10 亿千瓦	2.46
水能		经济可开发 4.0 亿千瓦 技术可开发 5.4 亿千瓦	4.8 ~ 6.4
生物质能	生物质发电	3 亿吨秸秆 + 3 亿吨林业废弃物	1.5 + 2.0 = 3.5
	液体燃料	5000 万吨	0.5
	沼气	800 亿立方米	0.6
	总计		4.6
地热能		33 亿吨标准煤	33（但适于发电的少）

资料来源：《中国能源报告 2012：能源安全研究》。

　　中国新能源和可再生能源资源丰富，而且过去几年发展迅速。水电投产量较大，起到了清洁能源的支柱作用；风电实现了规模化、产业化发展；生物质气化等技术已有较大进步，生物质燃料已在城市集中供热或农村采暖中使用。

2020 年中国可再生能源具体发展目标

	太阳能	风能	地热能
目标（2020 年）	到 2020 年底，太阳能发电装机达到 1.1 亿千瓦以上，其中，光伏发电装机达到 1.05 亿千瓦以上，太阳能热发电装机达到 500 万千瓦；太阳能热利用集热面积达到 8 亿平方米。到 2020 年，太阳能年利用量达到 1.4 亿吨标准煤以上；到 2020 年，光伏发电电价水平在 2015 年的基础上下降 50% 以上，在用电侧实现平价上网目标	到 2020 年底，风电累计并网装机容量确保达到 2.1 亿千瓦以上；海上风电并网装机容量达到 500 万千瓦以上；风电年发电量确保达到 4200 亿千瓦时，约占全国发电量的 6%；到 2020 年，有效解决"弃风"问题	到 2020 年，地热供暖（制冷）面积累计达到 16 亿平方米，地热发电装机容量约 530 兆瓦；到 2020 年，地热能年利用量 7000 万吨标准煤，地热能供暖年利用量 4000 万吨标准煤

续表

	水能	核能	生物质能
目标 (2020年)	到2020年，水电总装机容量达到3.8亿千瓦，其中常规水电3.4亿千瓦，抽水蓄能4000万千瓦，年发电量1.25万亿千瓦时，折合标准煤约3.75亿吨，在非化石能源消费中的比重保持在50%以上；"西电东送"能力不断扩大，2020年水电送电规模达到1亿千瓦	到2020年，我国核电运行和在建装机将达到8800万千瓦	到2020年，生物质能基本实现商业化和规模化利用；生物质能年利用量约5800万吨标准煤。生物质发电总装机容量达到1500万千瓦，年发电量900亿千瓦时

资料来源：《可再生能源"十三五"规划》。

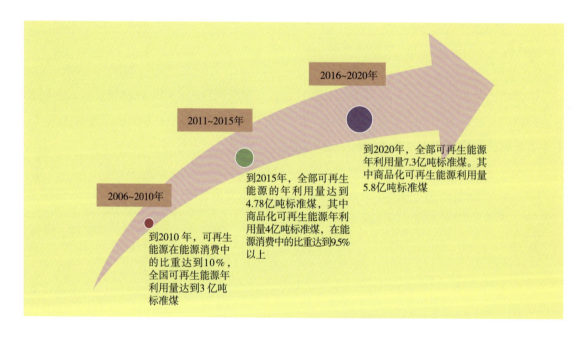

中国可再生能源分阶段发展目标

中国可再生能源发展目标是：到2020年，全部可再生能源年利用量7.3亿吨标准煤。其中商品化可再生能源利用量5.8亿吨标准煤。达到可再生能源发电占总发电量的27%，各类可再生能源供热和民用燃料总计替代约1.5亿吨标准煤化石能源。

中国主要的新能源和可再生能源装机容量和发电量如何？

目前，中国的新能源和可再生能源发电主要集中在水能、核能和风能发电等，近些年它们的装机容量和发电量的发展状况如下：

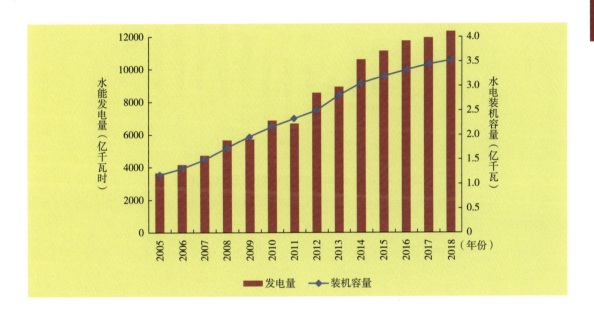

2005～2018 年中国水能装机容量与发电量

资料来源：2006～2016 年的数据来自《中国电力年鉴》，2017 年、2018 年的数据来自中电联发布的《2018 年中国电力工业统计快报》。

截至 2018 年底，水电总装机容量达到 3.52 亿千瓦，约占全国电力的 18.5%，全年发电量从 2005 年的 3644 亿千瓦时增长到 2018 年的 12329 亿千瓦时，2018 年约占全国发电量的 17.6%。中国水电技术已迈入世界先进行列。

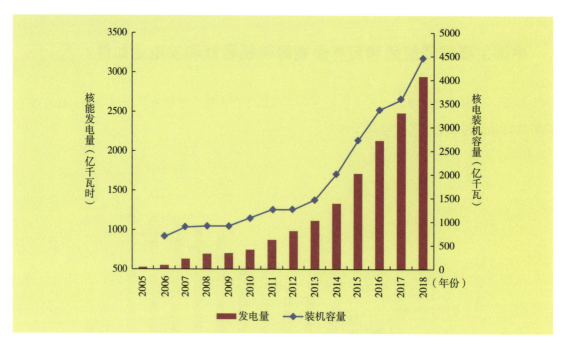

2005~2018 年中国核能装机容量与发电量

资料来源：2005~2016 年的数据来自《中国电力年鉴》，2017 年、2018 年的数据来自中电联发布的《2018 年中国电力工业统计快报》。

最近几年，中国核能装机容量和发电量都在持续增加。截至 2018 年底，全国全口径发

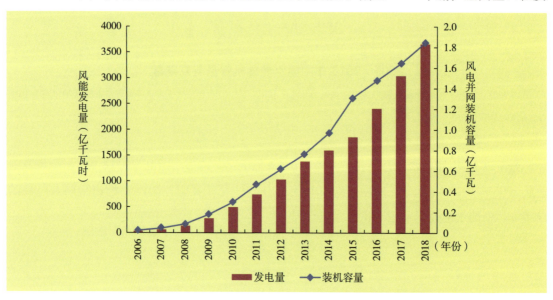

2006~2018 年中国风电并网装机容量与发电量

资料来源：2006~2016 年的数据来自《中国电力年鉴》，2017 年、2018 年的数据来自中电联发布的《2018 年中国电力工业统计快报》。

电装机容量 18.99 亿千瓦，其中，核电 4466 万千瓦，同比增长 24.7%；全年核能发电量达到 2944 亿千瓦时，占比 4.2%。

2018 年，中国风电并网装机容量达到 18426 万千瓦，同比增长 12.4%；全年风能发电量 3660 亿千瓦时，占比 5.2%，风电已超过核电成为继煤电和水电之后的第三大主力电源。依据国家制订的风电发展"十三五"规划，到 2020 年底，风电累计并网装机容量确保达到 2.1 亿千瓦以上，并且有效解决弃风问题。

可再生能源配额制在解决弃水弃风弃光问题中将发挥什么重要作用？

2017 年 11 月，国家能源局网站正式发布《国家发展改革委国家能源局关于印发〈解决弃水弃风弃光问题实施方案〉的通知》，要求尽快解决弃水弃风弃光问题，重视可再生能源电力消纳工作，采取有效措施，推动解决弃水弃风弃光问题取得实际成效，并提出 2020 年在全国范围内有效解决弃光问题。为了实现 2020 年的目标，提出了可再生能源电力配额制政策，明确了 2018 年、2020 年各省的可再生能源电力总量配额指标、非水电可再生能源配额指标以及相关考核办法。

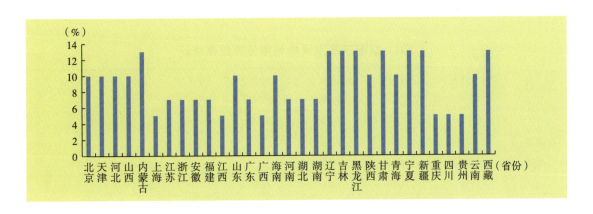

2020 年各省份非水可再生能源电力消纳量比重目标

注：不含港、澳、台地区。

资料来源：国家能源局。

新能源发展存在弃风弃光弃水和补贴不足的问题，根源在于当前的扶持政策体系与产业发展实际需求不匹配。实施配额制是动员和督促能源领域各相关方推进能源转型的重要抓手。跟标杆上网电价政策相比，可再生能源配额考核和绿色证书交易制度对可再生能源发展目标更加直接可控，各方责任更加清晰。通过对各类可再生能源证书比例的控制，可以灵活引导不同类型可再生能源品种的发展。配额制将重点激励对象从发电侧转向了消费侧，有效解决了新能源"重建轻用"的问题。不仅如此，配额制还能极大地激发市场主体的主观能动性，并有效解决补贴标准和退出的问题。

中国可再生能源发电利用弃风弃光弃水的现状如何？

水力发电、风力发电及光伏发电自身的特点和局限性，对电网安全造成一定的隐患，尽管这些新能源产生了巨大的电力，但并不能完全转为实际应用，在利用过程中会产生大量的浪费。2016 年我国弃风量达到 497 亿千瓦时，是 2014 年的 4 倍，甘肃、新疆、内蒙古、吉林和黑龙江五省区近三年弃风量接近 800 亿千瓦时，弃风弃光弃水问题成为可再生能源发电利用中需要解决的重要问题。2017 年 11 月 14 日，国家能源局发布了《关于 2017 年前三季度缓解弃水弃风弃光状况的通报》，公布了前三季度各省弃光弃风弃水的数据。

数据显示，前三季度，弃水电量同比减少 35 亿千瓦时，西南水电水能利用率同比提高约 2 个百分点；弃风电量同比减少 103 亿千瓦时，弃风率同比下降 6.7 个百分点。弃光电量同比增加 14 亿千瓦时，弃光率同比下降 4 个百分点，解决弃水弃风弃光问题取得初步成效。

2017 年前三季度风电利用及弃风率统计

省份	累计并网容量（万千瓦）	发电量（亿千瓦时）	利用小时数（小时）	弃风电量（亿千瓦时）	弃风率（％）	弃风率升降（百分点）	限电风险
合计	15720	2128	1386	295.5			
北京	19	2	1284				
天津	28	4	1570				
河北	1174	177	1521	14.0	7	－2	
山西	842	105	1287	9.4	8	－1	
山东	997	115	1267				
内蒙古	2633	377	1432	59.1	14	－7	
辽宁	700	107	1531	7.5	7	－6	
吉林	505	63	1246	14.8	19	－11	
黑龙江	568	76	1351	10.5	12	－7	
上海	71	12	1633				

续表

省份	累计并网容量 （万千瓦）	发电量 （亿千瓦时）	利用小时数 （小时）	弃风电量 （亿千瓦时）	弃风率 （%）	弃风率升降 （百分点）	限电风险
江苏	626	82	1398				
浙江	131	17	1403				
安徽	205	29	1484				
福建	239	37	1610				
江西	162	21	1361				
河南	189	20	1199				
湖北	238	36	1578				
湖南	247	35	1504				
重庆	33	6	1755				
四川	159	25	1761				
陕西	229	29	1459	1.4	4	−3	
甘肃	1277	136	1068	67.4	33	−10	高
青海	101	13	1453				
宁夏	942	113	1210	3.8	3	−10	
新疆	1806	247	1377	102.0	29	−9	高
西藏	1	0	1165				
广东	330	34	1040				
广西	126	15	1489				
海南	31	4	1189				
贵州	362	49	1385				
云南	749	142	1897	5.7	4		

注：弃风率升降是指与2016年全年弃风率相比上升或下降的百分比；限电风险高是指弃风率5%以上且上升的地区以及弃风率仍超过20%的地区。

资料来源：中电联；电网企业。

2017 年前三季度光伏发电利用及弃光率变化率统计

省份	累计并网容量 （万千瓦）	发电量 （亿千瓦时）	利用小时数 （小时）	弃光电量 （亿千瓦时）	弃光率 （%）	弃光率升降 （百分点）	限电风险
合计	12044	857	800	51			
北京	24	2	833				
天津	66	5	782				
河北	749	56	990	0.7	1.3	+0.8	

续表

省份	累计并网容量（万千瓦）	发电量（亿千瓦时）	利用小时数（小时）	弃光电量（亿千瓦时）	弃光率（%）	弃光率升降（百分点）	限电风险
山西	491	38	937	0.2	0.4	＋0.4	
山东	943	49	724	0.3	0.7	＋0.7	
内蒙古	724	86	1265	3.1	3.4	－2.5	
辽宁	165	7	833				
吉林	146	9	907				
黑龙江	79	4	966				
上海	50	2	430				
江苏	835	61	867				
浙江	719	41	752				
安徽	799	44	741				
福建	84	4	526				
江西	425	21	618				
河南	643	33	662				
湖北	374	20	739				
湖南	157	3	402				
重庆	9	0	418				
四川	128	12	1116				
陕西	503	39	930	2.7	6.8	＋0.3	高
甘肃	778	54	825	14.1	20.9	－9.2	高
青海	785	82	1123	4.8	5.5	－2.8	
宁夏	613	57	1033	2.4	4.2	－2.8	
新疆	935	82	879	22.9	21.9	－7.9	高
西藏	79	4.4	675				
广东	299	14	456				
广西	60	2	668				
海南	32	3	916				
贵州	134	3	951				
云南	214	21	986	0.2	0.8	＋0.8	

注：弃光率升降是指与2016年全年弃光率相比上升或下降的百分点；限电风险高是指弃光率5%以上且上升的地区以及弃光率仍超过20%的地区。

资料来源：电网企业。

2017 年前三季度重点地区及主要河流（河段）水电利用统计

重点省份	上网电量（亿千瓦时）	弃水电量（亿千瓦时）	水能利用率（%）
四川	2333.5	123.8	88
广西	417	44.2	90.4
云南	1655	240.5	87.3
主要河流（河段）			
长江干流	861.7	0.13	99.98
金沙江下游	708.1	41.2	94.5
金沙江中游	325	142.7	69.5
澜沧江	526.1	24.6	93.8
雅砻江	553.7	43.2	92.8
大渡河	315	159.9	66.3

注：四川省弃水电量为调峰弃水电量数据。

资料来源：中电联；电网企业和国家可再生能源信息管理中心。

推动能源生产和消费革命的目标是什么？可以采取什么措施？

根据《能源生产与消费革命战略（2016～2030）》所发布的内容，明确了到 2020 年，全面启动能源革命体系布局，推动化石能源清洁化，根本扭转能源消费粗放增长方式，实施政策导向与约束并重，能源消费总量控制在 50 亿吨标准煤内，煤炭消费比重进一步降低，清洁能源成为能源增量主体，能源结构调整取得明显进展，提高非化石能源比重，单位国内生产总值二氧化碳比 2015 年下降 18%；单位国内生产总值能耗比 2015 年下降 15%。

2021～2030 年，可再生能源、天然气和核能利用持续增长，高碳化石能源利用大幅减少。能源消费总量控制在 60 亿吨标准煤以内，非化石能源占能源消费总量的比重达到 20% 左右，天然气占比达到 15% 左右，新增能源需求主要依靠清洁能源满足。展望 2050 年，能源消费总量基本稳定，非化石能源占比超过一半，建成能源文明消费型社会。

能源结构调整具体措施

分类	具体措施
推动能源消费革命，开创节约高效新局面	实施能源消费总量和强度"双控"； 打造中高级能源消费结构，推进产业结构调整与能源结构优化并进； 深入推进节能减排，构建绿色低碳体系，实施严格的节能减排制度； 推动城乡电气化发展，优先使用可再生能源电力，实施终端用能清洁替代； 树立勤俭节约消费观

分类	具体措施
推动能源供给革命，构建清洁低碳新体系	推动煤炭清洁高效开发利用； 实现增量需求主要依靠清洁能源； 推进能源供给侧管理； 优化能源生产布局，综合考虑能源资源禀赋、环境承载力以及"双控"目标等因素； 全面建设"互联网＋"智慧能源
推动能源技术革命，抢占科技发展制高点	普及先进高效节能技术； 推广应用清洁低碳能源开发利用技术； 大力发展智慧能源技术，推动互联网与分布式能源技术、先进电网技术、储能技术深度融合
加强全方位国际合作，打造能源命运共同体	实现海外油气资源来源多元稳定； 畅通"一带一路"能源通道； 深化国际产能和装备制造合作； 增强国际能源事务话语权

资料来源：《能源生产与消费革命战略（2016～2030）》。

如何构建科学合理的政策体系，充分发挥政府、企业和居民的积极性，共同推动中国能源革命？

要把握中国国情，参考国际能源转型的经验，着力构建和完善现代化、高质量的能源体系，为提高居民生活水平、建设美好环境、促进中国经济发展和实现制造强国的目标服务。其中，最重要的是要从供给侧结构性改革的维度着手，统筹推进能源革命。现阶段我们对以下四个方面要高度重视：

供给侧结构性改革要点

要点	主要原因
统筹考虑煤炭去产能和煤炭高效清洁利用	我国是煤炭消费大国，在未来相当长的一段时间内，煤炭在能源消费中还将保持一个较高的比例。一方面我们必须坚持执行煤炭去产能的政策，让煤价恢复和稳定在合理区间；另一方面则要推进煤炭的高效清洁利用，包括逐步推进清洁燃煤技术改造，发展低价煤的分级分阶利用，在去产能的同时，实现煤炭资源利用率的稳步提升

要点	主要原因
统筹化石能源和可再生能源的发展	可再生能源的发展一定要抢占化石能源的传统市场，但是越来越多的研究表明，在今后相当长一段时间内，可再生能源的发展还必须依赖化石能源，在当前的历史阶段，这两者仍是不可分割的关系
统筹集中式和分布式能源系统发展	现阶段能源消费的增量已经逐步从高耗能工业用户逐步向居民生活、商业建筑和战略性新兴产业转移。随着这种需求模式的转变，我们要相应加大分布式能源的发展，逐步朝着宜集中则集中、宜分散则分散的现代能源供应体系转变
必须将天然气培育为我国的主体能源之一	从短期看，光伏、风电等可再生能源的发展还有很多制约因素，而从全球能源转型的经验看，天然气是煤炭和石油等传统能源最重要的替代品，有很大的发展潜力

第二章

55

中国能源消费的特点、分布及其与经济的关系

中国已成为全球最大的能源消费国，根据国家发改委的数据，2018 年中国一次能源消费总量达到 46.4 亿吨标准煤，"十二五"期间年均增长 3.6%。随着经济的持续增长和人民生活水平的提高，预计 2020 年中国的能源需求总量将达到 50 亿吨标准煤。

中国的煤炭消费量近些年呈现什么变化趋势？

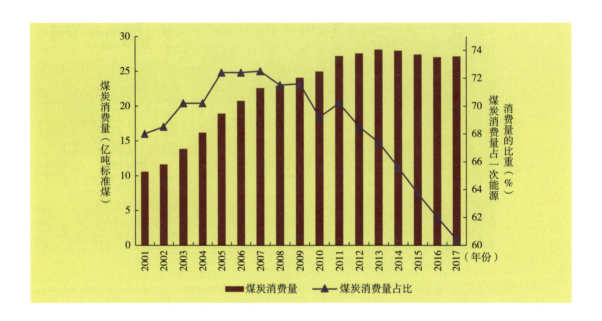

2001～2017 年中国煤炭消费量及其占一次能源消费量的比重

资料来源：《中国统计年鉴2018》。

中国煤炭消费量在2013年之前总体呈上升趋势，2013年之后有小幅度下降，其在一次能源消费量中虽然仍占主导地位，但近些年不断走低。尤其是从2011年开始，中国国民经济快速发展，第二产业特别是重工业、电力、冶金、建材产量的大幅度增长，极大地拉动了煤炭需求，煤炭消费量大幅增加。煤炭是中国的主要能源消费品种，在一次能源消费总量中的比重维持在60%以上。尽管受国家节能减排政策影响，煤炭消费比重有所下降，但中国的资源禀赋特征决定了在未来几十年内，中国以煤炭为主的能源消费格局仍难以撼动。

中国的石油消费量近些年具有什么增长态势？

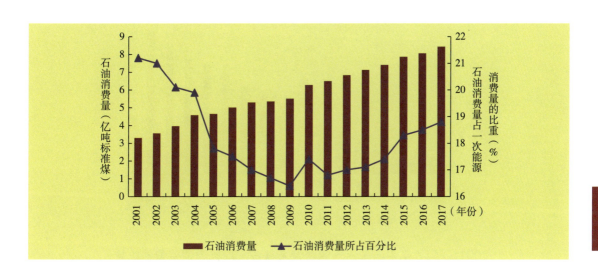

2001～2017 年中国石油消费量及其占一次能源消费量的比重

资料来源：《中国统计年鉴 2018》。

　　自 2001 年以来，中国石油消费量不断攀升，2017 年中国石油消费量是 2001 年的 2.56 倍。而且，2016 年、2017 年中国石油消费量在一次能源消费中所占的比重分别为 18.5%、18.8%，而 2017 年世界各国石油消费量在一次能源消费量中的比重平均为 34.2%，可见中国与世界平均水平的差距还较大。

第三章

中国的天然气消费量近些年增长趋势如何？

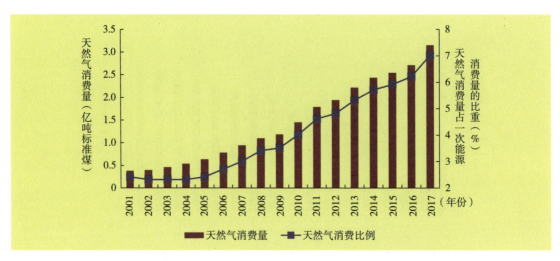

2001~2017 年中国天然气消费量及其占一次能源消费量的比重

资料来源：《中国统计年鉴 2018》。

自 2001 年以来，中国天然气消费量快速增长。到 2017 年，消费量为 2373 亿立方米，同比增长 15.3%。2017 年中国天然气消费量是 2001 年的 8.4 倍，天然气消费量在一次能源消费量中所占的比重从 2001 年的 2.4% 增长到了 2017 年的 7.0%。

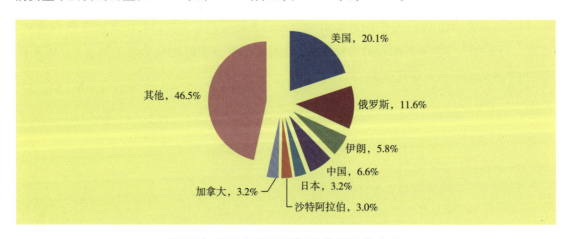

2017 年世界主要天然气消费国及其占比

资料来源：《BP 世界能源统计年鉴 2018》。

从世界天然气消费分布来看，目前中国天然气消费量只占全球天然气消费总量的 6.6%。中国目前能源消费总量居全球首位，占全球能源消费总量的 23.2%，相比之下，中国天然气的消费比重还处于相对较低的水平，而且中国天然气在能源消费总量中的占比远低于世界平均水平（23.4%）。

2016年12月24日，国家发改委正式发布《天然气发展"十三五"规划》。规划预计，2020年国内天然气综合保供能力达到3600亿立方米以上。天然气用气普及率将进一步提高，气化人口达到4.7亿人。城镇人口天然气气化率达到57%。而且，天然气占一次能源消费比例将提高至8.3%~10%。

中国的可再生能源消费量近些年增长趋势如何?

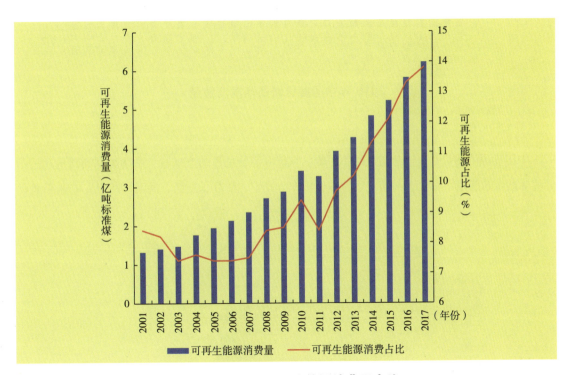

2001~2017年可再生能源消费及占比

资料来源：《中国统计年鉴2018》。

可再生能源是可以永续利用的能源资源，如水能、风能、太阳能、生物质能和海洋能等。2001~2017年我国可再生能源消费量呈上升趋势，从2001年的1.31亿吨标准煤增长至2017年的6.20亿吨标准煤。自2012年以来，可再生能源消费量占比快速增长，由2011年的8.4%上升至2017年的13.8%。《可再生能源发展"十三五"规划》提出，为实现2020年、2030年非化石能源占一次能源消费比重分别达到15%、20%的能源发展战略目标，进一步促进可再生能源开发利用，加快对化石能源的替代进程，改善可再生能源经济性，到

2020 年，全部可再生能源年利用量 7.3 亿吨标准煤。

中国能源消费总量的区域分布存在什么特征？

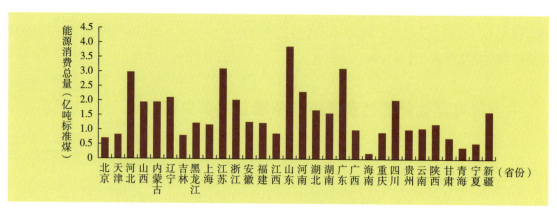

2016 年中国各区域的能源消费量

注：不含西藏和港、澳、台地区。

资料来源：《中国能源统计年鉴 2017》。

　　中国能源消费量的区域分布显著不平衡。从能源消费总量图上来看，中国能源消费量超过两亿吨标准煤的能源消费大省（河北、广东、山东、辽宁、江苏、浙江、河南、四川）的能源消费

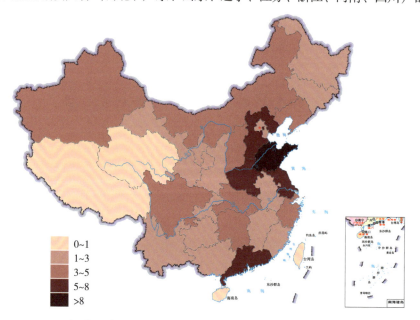

2016 年中国各区域能源消费量占全国能源消费总量的比例

注：不含西藏和港、澳、台地区。单位：%。

资料来源：《中国能源统计年鉴 2017》。

量合计约占全国能源消费总量的 47.3%；西部地区（广西、内蒙古、重庆、四川、云南、贵州、西藏、陕西、甘肃、青海、宁夏、新疆）能源消费总量仅为中国能源消费总量的 27.5% 左右。

　　中国能源消费主要分布在东部沿海地区，如河北、广东、山东、江苏等省的能源消费量均占全国能源消费的 5% 以上，中部的河南省能源消费量也占到 5% 以上；能源消费占全国的比重不足 3% 的区域主要分布在西部（青海、宁夏、广西、甘肃、重庆、新疆、陕西、云南）以及中东部的部分地区（天津、福建、江西、海南）。

中国各种能源消费的区域分布如何？存在哪些差异？

　　通过分析各区域煤炭、石油、天然气、电力消费占全国同类能源消费的比重可知，煤炭、石油、天然气、电力消费占全国能源消费的比重在空间区域上分布差异显著，例如，煤炭消费大省不一定是石油消费大省。

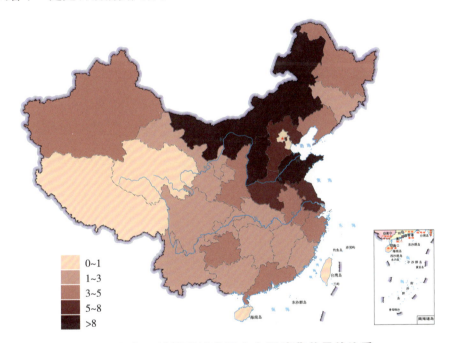

2016 年各区域煤炭消费量占全国消费总量的比重

图例：
0~1
1~3
3~5
5~8
>8

注：不含西藏和港、澳、台地区。单位：%。

资料来源：《中国能源统计年鉴 2017》。

　　从煤炭消费量占全国比重分级图可以看出，2016 年煤炭消费大省主要分布在东北、东部及中部部分地区；西部、西南及中部部分地区的煤炭消费比例较小。

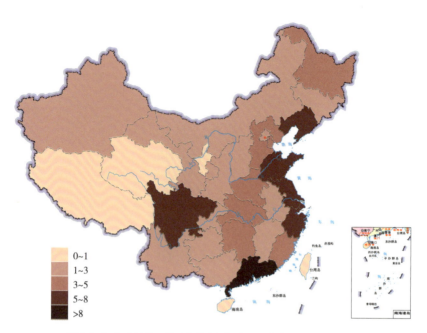

2016 年各区域石油消费量占全国消费总量的比重

注：不含西藏和港、澳、台地区。单位:%。

资料来源:《中国能源统计年鉴 2017》。

石油的消费大省集中在东部沿海地区，如辽宁、山东、江苏、浙江、广东等，这些地区

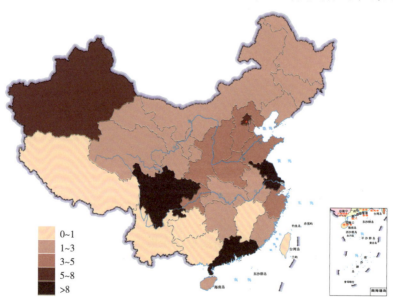

2016 年天然气消费量占全国消费量的比重

注：不含西藏和港、澳、台地区。单位:%。

资料来源:《中国能源统计年鉴 2017》。

也是中国的经济大省。除四川外，西部地区的石油消费量占比较低。

天然气的消费大省主要分布在中西部地区，如四川的天然气消费量占全国的 8.71%，新疆占 6.35%。东部的北京、江苏和广东的天然气消费占比也相对较高。

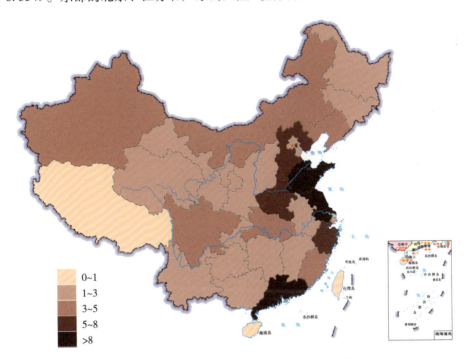

2016 年电力消费量占全国消费量的比重

注：不含西藏和港、澳、台地区。单位:%。

资料来源：《中国能源统计年鉴 2017》。

电力消费大省主要分布在东部地区，如广东、江苏、浙江、山东、河北、河南、辽宁等，它们的电力消费量几乎占到全国电力消费量的一半。

综合起来还可以发现，山东是煤炭、电力消费大省，江苏是天然气、电力消费大省，广东是石油、天然气、电力消费大省。

煤炭、石油、天然气和电力是我国能源消费结构中主要的四种能源。四种能源中，大部分地区的能源消费结构以煤炭为主，河北、山西、内蒙古、江苏、山东不仅煤炭消费占比显著高于其他能源消费，而且煤炭消费量均超过 2.5 亿吨标准煤。石油消费各省差异较大，辽宁、上海、江苏、浙江、山东、广东、四川的石油消费超过 0.3 亿吨标准煤，其中辽宁、上海、广东、四川石油消费的占比较高。相比之下，海南、青海和宁夏的石油消费不足 500 万吨标煤。此外，各省的天然气消费量均不高，消费量最高的四川也仅为 181 万吨标准煤。但值得注意的是，北京的天然气消费量超过了煤炭和电力。各省的电力消费也存在较大差异，

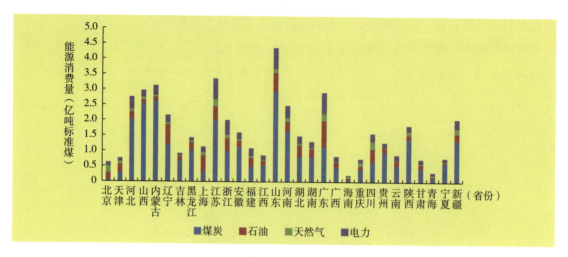

2016 年各区域主要能源消耗

注：不含西藏和港、澳、台地区。单位：%。

资料来源：《中国能源统计年鉴 2017》。

江苏、浙江、山东和广东不仅电力消费占比高，而且消费量较大，均超过了 3.5 亿吨标准煤。山西、吉林、黑龙江和陕西的电力消耗占比较低，而且消费量较小。

中国近些年的能源消费量主要分布在哪些行业？

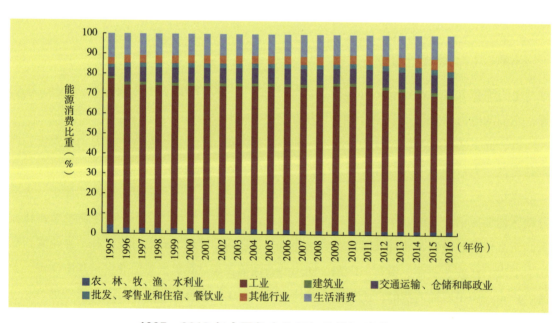

1995～2016 年中国各产业部门的能源消费比重

资料来源：历年《中国能源统计年鉴》。

1995～2016 年，中国国民经济各行业能源消费中，工业部门的能源消费占比相对最大，2010 年之前维持在 70% 左右，之后逐年下降，到 2016 年占比约为 66.19%。占比居第二位的是居民生活耗能，2010 年之前维持在 10% 左右，之后有小幅上升，2016 年居民生活耗能占比达 12.36%。农、林、牧、渔、水利业的能源消费占比近几年维持在 2% 左右；交通运输业的能耗占比总体上呈上升趋势，从 1995 年的 4.47% 上升到 2016 年的 9.04%，随着全面建设小康社会进程加速，中国家庭轿车保有量将迅速增长，交通部门的能源消费比重预计还将进一步增长。

中国工业部门的能源消费主要集中于哪些行业？

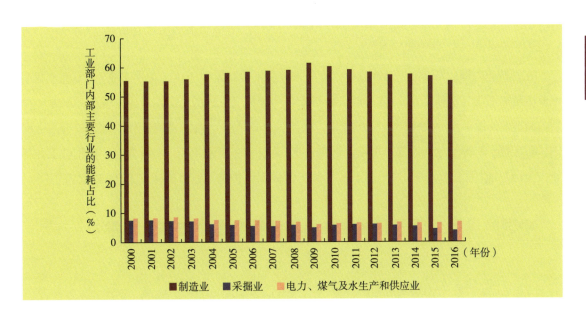

2000～2016 年工业部门内部主要行业的能耗占比

资料来源：历年《中国能源统计年鉴》。

在工业部门内部，制造业的能源消费量最大，一直占全国能源消费总量的 50% 以上。电力、煤气及水生产和供应业的能耗占比略高于采掘业，但两者都不足 10%。

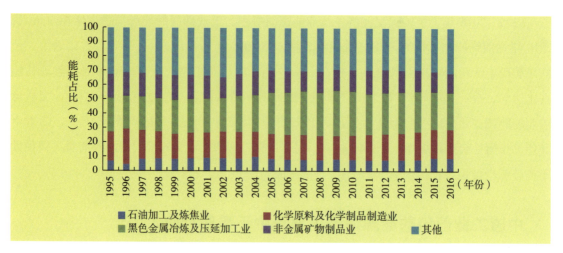

1995～2016年中国制造业内主要行业的能耗占比

资料来源：历年《中国能源统计年鉴》。

在制造业内部，石油加工及炼焦业、化学原料及化学制品制造业（化学工业）、黑色金属冶炼及压延加工业（钢铁工业）、非金属矿物制造业（建材工业）的能源消费比重较大，2016年分别占制造业能源消费量的9.36％、20.07％、25.61％、13.55％，能源消费量分别为2.27亿、4.87亿、6.21亿、3.29亿吨标准煤。可见，钢铁工业是最主要的耗能部门。2016年，中国钢铁工业耗能占全国总能耗的14.16％。"十三五"期间，钢铁工业仍是国家节能减排工作的重点部门。

中国的居民生活能源消费在能源消费总量中占多大比重？

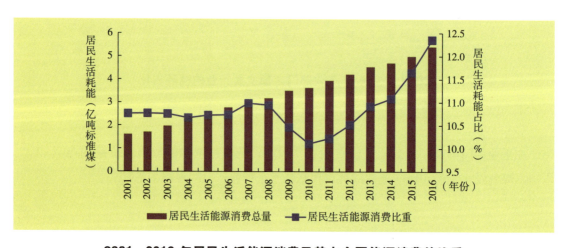

2001～2016年居民生活能源消费及其占全国能源消费的比重

资料来源：历年《中国能源统计年鉴》。

在中国，居民部门是仅次于工业部门的第二大能源消费部门。随着经济持续快速发展，中国城乡人民生活日益富裕，居民生活能源消费量也出现了较快增长，生活能源消费总量从1990年的1.58亿吨标准煤增长到2001年的1.66亿吨标准煤、2016年的5.42亿吨标准煤。2010年之前居民生活能源消费在全国能源消费总量中的比例总体上呈下降趋势，2010年之后逐渐上升，从2010年的10.11%上升到2016年的12.36%。

中国居民生活能源消费结构近些年变化趋势如何？

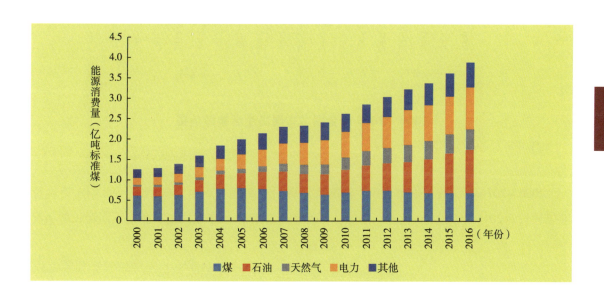

2000~2016年全国居民生活能源消费

资料来源：历年《中国能源统计年鉴》。

自2000年以来，我国居民能源消费总量不断上升，由2000年的1.26亿吨标准煤增长到2016年的3.89亿吨标准煤，年均增速7.36%。从能源结构角度来看，能源消费总量在增加，但煤炭的消费量没有明显增加，而且煤炭占居民生活能源消费的比重越来越小，占比由2000年的48.68%降低到2016年的17.89%，天然气和电力的消费量和占比都逐渐上升，天然气消费量从2000年的429.86万吨标准煤增长到2016年的4974.68万吨标准煤，在居民生活能源消费中的占比由2000年的3.41%上升到2016年的12.77%。

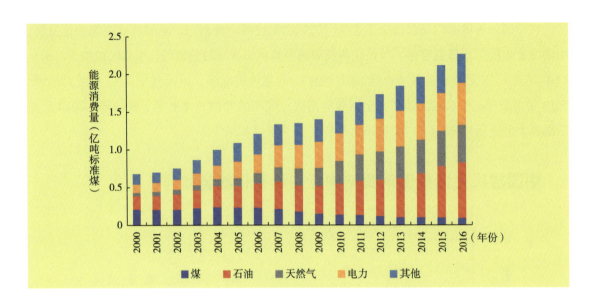

2000～2016 年全国城市居民生活能源消费

资料来源：历年《中国能源统计年鉴》。

2000～2016 年，我国城市居民生活能源消费量不断上升。由 2000 年的 6803.04 万吨标准煤增长到 2016 年的 2.26 亿吨标准煤，年均增速 7.87%。在能源消费总量不断增长的情况

2000～2016 年全国农村居民生活能源消费

资料来源：历年《中国能源统计年鉴》。

下，煤炭的消费量反而逐渐下降，由 2000 年的 2067.77 万吨标准煤下降至 2016 年的 921.42 万吨标准煤，煤炭消费的占比也由 2000 年的 30.39% 下降至 2016 年的 4.07%。相反，天然气的消费量和消费占比都有显著的增长，城市居民生活中的天然气消费量从 2000 年的 429.86 万吨标准煤增长到 2016 年的 4952.96 万吨标准煤，在居民生活能源消费中的占比由 2000 年的 6.32% 上升到 2016 年的 21.87%。

2000～2016 年，我国农村居民生活能源消费量整体呈上升趋势，由 2000 年的 5820.27 万吨标准煤上升到 2016 年的 1.63 亿吨标准煤，年均增速为 6.73%。煤炭消费在总消费中的占比有所下降，由 2000 年的 70.06% 下降至 2016 年的 37.08%，然而，农村居民生活能源中的煤炭消费没有明显降低，2016 年全国居民生活能源中煤炭总消费量为 6968.13 万吨标准煤，其中农村煤炭消费量为 6046.71 万吨标准煤，占 86.78%，居民生活中的煤炭消费主要源于农村。电力和石油消费量随消费总量的增长不断上升，电力在农村居民生活能源消费中的占比也有显著提高，由 2000 年的 11.09% 增长至 2016 年的 29.03%。此外，农村居民的天然气消费量缓慢增长，但消费量和占比仍很低，2016 年农村居民的天然气消费总量仅为 21.72 万吨标准煤。

中国城市燃气消费近些年趋势如何？

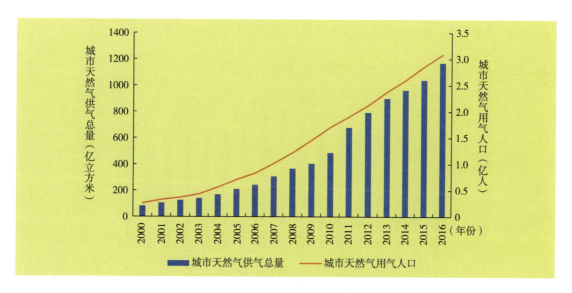

2000～2016 年城市天然气供气总量及用气人口

资料来源：历年《中国统计年鉴》。

2000～2016 年，我国城市天然气供气总量和用气人口数量呈上升趋势，并且近年来持续快速增长, 城市天然气供气总量由 2000 年的 82.1 亿立方米增长到 2016 年的 1171.72 亿立方米, 年均增速为 18.34%。城市天然气用气人口由 2000 年的 2580.98 万人增长至 2016 年的 3.09 亿人, 年均增速 16.95%。

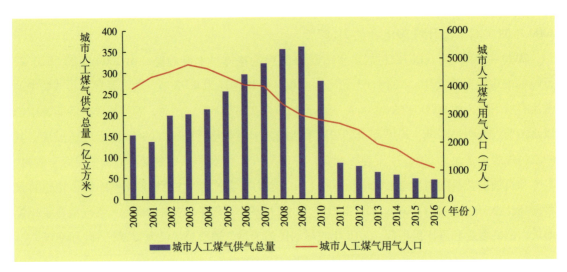

2000~2016 年城市人工煤气供气总量及用气人口

资料来源: 历年《中国统计年鉴》。

2000~2009 年, 我国城市人工煤气的供气总量呈上升趋势, 自 2009 年起人工煤气的供

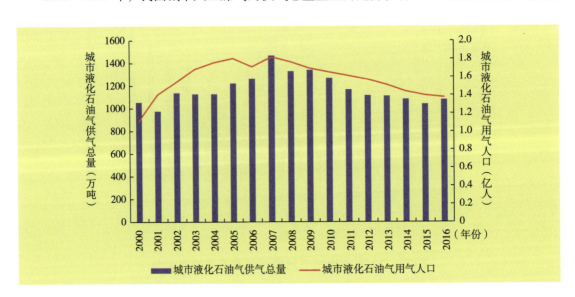

2000~2016 年城市液化石油气供气总量及用气人口

资料来源: 历年《中国统计年鉴》。

气总量逐渐下降，尤其是 2011 年至今，城市人工煤气供气总量下降到 100 亿立方米以下。城市人工煤气的用气人口 2003 年开始逐渐下降，从 2003 年的 4792.08 万人减少至 2016 年的 1321.74 万人，累计减少用气人口 3470.35 万人，年均降速 9.90%。

2000 ~ 2007 年，我国城市液化石油气供气总量整体呈上升趋势，2007 年后逐渐下降，相比人工煤气的减少速度，液化石油气供气总量的降速较为缓慢，从 2007 年的 1466.77 万吨减少至 2016 年的 1078.8 万吨，年均降速为 3.27%。城市液化石油气用气人口和供气总量整体呈现出同样的变化趋势，2007 年之前用气人口数增加，2007 年之后用气人口数逐渐减少，从 2007 年的 1.82 亿人减少至 2016 年的 1.37 亿人。

中国的能源消费总量与经济增长呈现什么协同趋势？

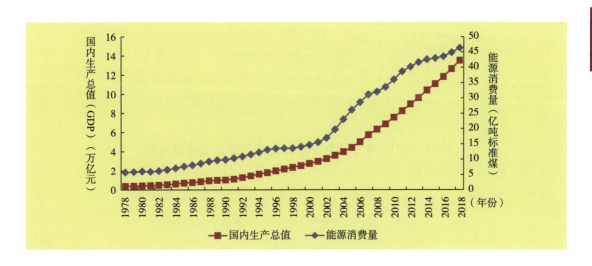

1978 ~ 2018 年中国经济总量和能源消费量

注：国内生产总值为 1978 年可比价。

资料来源：根据《中国统计年鉴 2018》和国家统计局报告整理得到。

中国是全球最大的发展中国家，自改革开放以来，中国的经济总量和能源消费都出现了较大幅度的增长。国内生产总值（GDP）由 1978 年的 3678.70 亿元增长到 2018 年的 13.54 万亿元（按 1978 年可比价）；能源消费量由 1978 年的 5.71 亿吨标准煤增长到 2018 年的 46.40 亿吨标准煤。

中国大力推进节能增效，效果明显。1978～2018 年，中国能源消费以年均 5.5% 的增长，支撑了国民经济年均 9.5% 的增长，万元国内生产总值的能耗（能源强度）累计下降 70% 以上。

中国第一产业的能源消费与其经济增长存在什么关系？

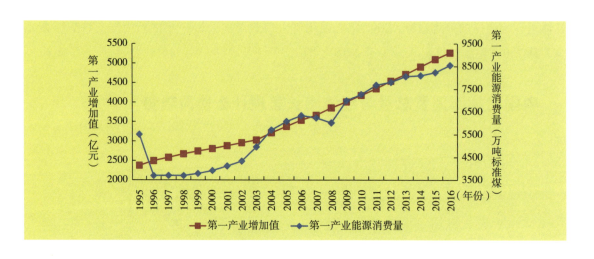

1995～2016 年中国第一产业经济总量及其能源消费

注：第一产业增加值为 1978 年可比价。

资料来源：根据历年《中国能源统计年鉴》及《中国统计年鉴》整理得到。

1995～2016 年，中国第一产业增加值缓慢稳步上升，从 1995 年的 2374.12 亿元增长到 2016 年的 5265.65 亿元，年均增长率为 3.87%。相比之下，第一产业变化幅度较大，1996 年，第一产业能源消费量降至 3688.79 万吨标准煤后逐渐增长，2006 年达到 6330.71 万吨标准煤，随后出现小幅下降，2008 年后一直呈上升趋势。第一产业增加值与其能源消费量之间的皮尔森相关系数为 0.945，说明两者存在正相关关系，且相关程度较强。

中国第二、第三产业的能源消费与其经济增长存在什么关系?

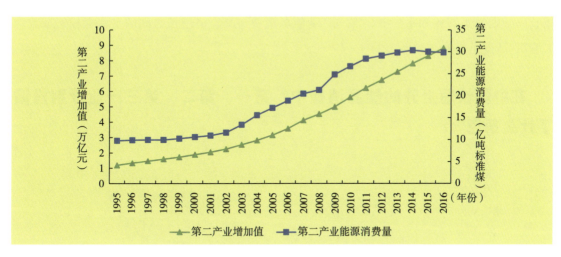

1995～2016 年中国第二产业经济总量及其能源消费

注：第二产业增加值为 1978 年可比价。

资料来源：根据历年《中国能源统计年鉴》及《中国统计年鉴》整理得到。

1995～2016 年，第二产业的 GDP 与其能源消费量总体上都呈上升趋势，具体而言，年

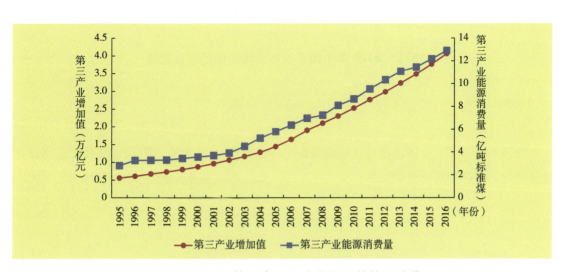

1995～2016 年第三产业经济总量及其能源消费

注：第三产业增加值为 1978 年可比价。

资料来源：根据历年《中国能源统计年鉴》及《中国统计年鉴》整理得到。

均增长 5.60% 的能源消费量支持了年均 10.07% 的 GDP。第二产业经济增长与其能源消费之间的皮尔森相关系数为 0.976，说明两者的正相关性非常强。

1995～2016 年，第三产业能源消费与其经济增长水平都呈稳步上升态势，两者的年均增长率分别为 9.27% 和 9.97%。第三产业能源消费与其经济增长之间的皮尔森相关系数为 0.997，高度正相关。

在中国快速上升的能源消费中，第一、第二、第三产业分别扮演了什么角色？

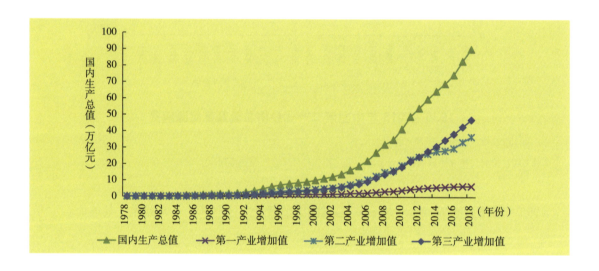

1978～2018 年中国三次产业增加值的变化趋势

注：各种产业增加值均为名义价格。

资料来源：根据《中国统计年鉴 2018》和国家统计局报告整理得到。

1978～2018 年，中国经济总量持续增长。特别是在 1993 年后，中国加快社会主义市场经济建设，GDP 年均增长率加快，尤其是第二、第三产业发展迅速。

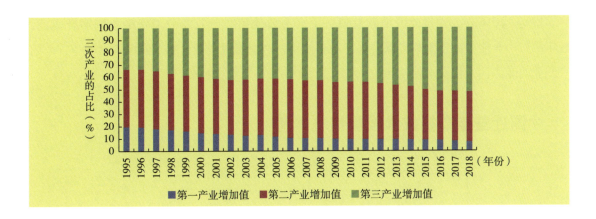

1995～2018 年中国三次产业结构的变化趋势

资料来源：根据《中国统计年鉴2018》和国家统计局报告整理得到。

在中国产业结构布局方面，自改革开放以来，第一产业的比重基本上持续下降；第二产业的比重相对稳定，近些年有所下滑，但仍是主导产业；第三产业的比重稳步上扬，目前已接近第二产业的比重。2018 年，三次产业的占比分别为 7.2%、40.7% 和 52.1%。与发达国家相比，第二产业比重过高，第三产业比重过低。

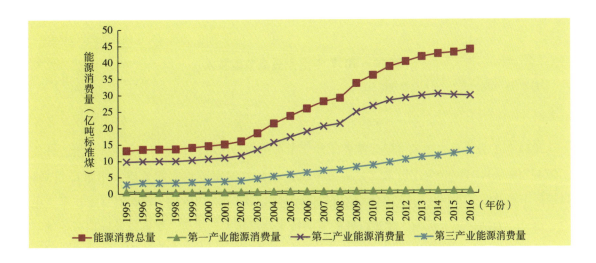

1995～2016 年中国三次产业能源消费量的变化趋势

资料来源：《中国能源统计年鉴2017》。

1995～2016 年，中国能源消费总量的上升主要受第二产业能源消费量急剧攀升驱动，近年第二产业能源消费量基本保持稳定增长。第三产业能源消费量有上升但幅度较小，而第一产业的能源消费量基本保持稳定。

中国近些年节能技术发展情况如何？

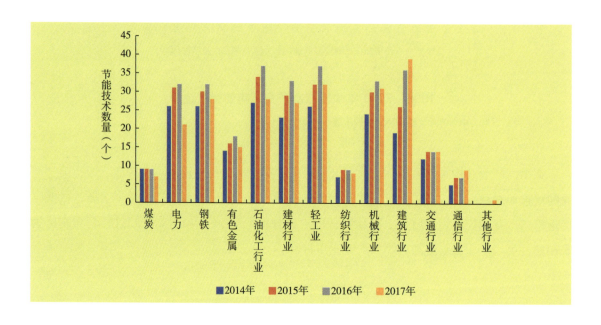

2014～2017 年国家重点节能技术

资料来源：根据国家统计局报告整理得到。

2014 年 1 月 6 日，国家发展改革委印发《节能低碳技术推广管理暂行办法》（发改环资〔2014〕19 号）。自 2014 年以来，我国每年组织编制《国家重点节能低碳技术推广目录》以推广节能技术，2014～2017 年分别发布了 218 项、267 项、296 项、260 项节能技术。电力、钢铁、石油化工、机械、建筑行业的节能技术数量较大，建筑、交通以及通信行业的节能技术逐渐增多，可见节能技术的推广从工艺生产逐渐发展到与人民生活密切相关的行业部门。

"十二五"期间中国的节能目标完成情况如何？各地区是否有差异？

"十二五"各地区节能目标完成情况

地区	"十二五"节能目标（%）	2014～2015年能耗年均增速控制目标（%）	考核结果
北京	17	2.9	超额完成
天津	18	2.6	完成
河北	17	2.6	超额完成
山西	16	3.1	完成
内蒙古	15	3.5	完成
辽宁	17	2.8	完成
吉林	16	4.5	完成
黑龙江	16	3.5	完成
上海	18	3.2	超额完成
江苏	18	2.5	超额完成
浙江	18	3.1	超额完成
安徽	16	2.7	超额完成
福建	16	2.4	完成
江西	16	3.3	完成
山东	17	2.2	完成
河南	16	3.4	超额完成
湖北	16	2.6	超额完成
湖南	16	3.0	完成
广东	18	2.9	超额完成
广西	15	4.1	完成
海南	10	6.0	完成
重庆	16	3.2	完成
四川	16	3.1	完成
贵州	15	3.4	超额完成
云南	15	4.0	完成
西藏	10	—	完成
陕西	16	3.7	完成
甘肃	15	3.5	完成
青海	10	5.1	完成
宁夏	15	3.5	完成
新疆	10	3.4	基本完成

资料来源：国家发展和改革委员会、国家统计局公告。

节约能源、大幅度降低能源强度是保障能源安全的首要途径。"十二五"（2011～2015年）单位国内生产总值能耗下降18.4%，二氧化碳排放强度下降20%以上，超额完成规划目标，为应对全球气候变化做出了重要贡献。从各省份看，全国所有地区都完成了"十二五"期间国家下达的节能目标任务，北京、河北、上海、江苏、浙江、安徽、河南、湖北、广东、贵州10个省（市）考核结果为超额完成等级；天津、山西、内蒙古等20个省（区、市）考核结果为完成等级；新疆考核结果为基本完成等级。

过去几年，中国采取哪些多项重大节能行动和节能工程？成效如何？

大气污染防治行动计划

2013年9月12日，国务院发布《大气污染防治行动计划》，提出经过五年努力，使全国空气质量总体改善，重污染天气较大幅度减少；京津冀、长三角、珠三角等区域空气质量明显好转。力争再用五年或更长时间，逐步消除重污染天气，全国空气质量明显改善。具体

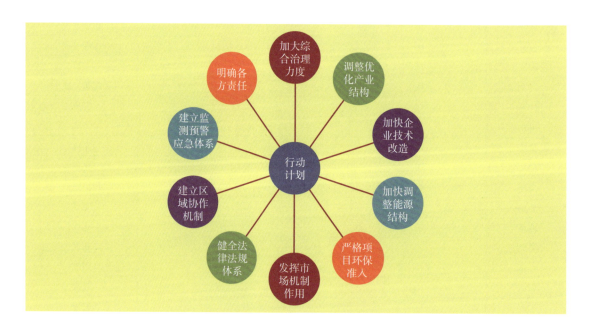

行动计划确定的十项具体措施

指标是：到 2017 年，全国地级及以上城市可吸入颗粒物浓度比 2012 年下降 10% 左右，优良天数逐年提高；京津冀、长三角、珠三角等区域细颗粒物浓度分别下降 25%、20%、15% 左右，其中北京市细颗粒物年均浓度控制在 60 微克/立方米左右。

"大气污染防治行动计划"取得了显著成效。环保部数据显示，2017 年 1 ~ 11 月，全国 PM 10 浓度比 2013 年同期下降 21.5%，京津冀、长三角、珠三角 PM 2.5 浓度分别下降 38.2%、31.7%、25.6%，北京市 PM 2.5 浓度接近 60 微克/立方米。与 2013 年相比，2017 年北京主要污染物年均浓度均显著下降，SO_2、NO_2、PM 10、PM 2.5 分别下降 70.4%、17.9%、22.2%、35.6%；其中 SO_2 下降幅度最大，2017 年年均浓度首次降到个位数。2017 年，北京空气质量达标天数为 226 天，比 5 年前增加 50 天。其中 1 级优天数从 41 天增加到 66 天。同时，空气重污染天数逐年减少，5 年共减少 35 天。

节能减排专项行动

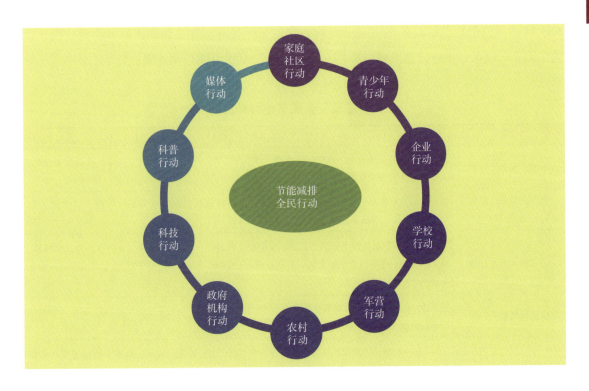

十个节能减排专项行动

为贯彻落实《国务院关于印发"十二五"节能减排综合性工作方案的通知》（国发〔2011〕26号）和温家宝同志在全国节能减排工作电视电话会议上的讲话精神，进一步深化节能减排全民行动，充分调动全社会参与节能减排的积极性，组织开展家庭社区、青少年、企业、学校、军营、农村、政府机构、科技、科普和媒体十个节能减排专项行动，通过典型示范、专题活动、展览展示、岗位创建、合理化建议等多种形式，广泛动员全社会参与节能减排，倡导文明、节约、绿色、低碳的生产方式、消费模式和生活习惯。

全民节能行动计划

按照中共十八届五中全会和"十三五"规划纲要要求，为切实贯彻落实节能优先战略，把节能贯穿于经济社会发展全过程和各领域，形成党政机关及公共机构率先垂范、企业积极行动、公众广泛参与的全民节能氛围，推动能源生产和消费革命，大幅提高能源资源开发利用效率，有效控制能源消耗总量，确保完成"十三五"单位国内生产总值能耗降低15%、2020年能源消费总量控制在50亿吨标准煤以内的目标任务，加快建设能源节约型社会，促进生态文明建设，推进绿色发展，制订了"十三五"全民节能行动计划。

"十三五"全民节能行动计划

节能行动	节能目标
节能产品推广行动	重点推广高效节能家电、灶具、热水器、LED照明产品等家庭用能产品，以及高效节能电机、工业锅炉等工业用能设备，2020年主要节能产品和设备销售量比2015年翻一番
重点用能单位能效提升行动	把提升重点用能单位的能效水平作为实现能源消耗总量和强度"双控"目标的"牛鼻子"，"十三五"重点用能单位实现节能2.5亿吨标准煤
工业能效赶超行动	"十三五"时期规模以上单位工业增加值能耗降低18%，力争2020年工业能源消费达到峰值，电力、钢铁、建材、石化、化工、有色、煤炭、纺织、造纸等重点耗能行业能效水平达到国际先进水平
建筑能效提升行动	到2020年，城镇新建建筑能效水平较2015年提升20%，城镇绿色建筑占新建建筑比重超过50%，比2015年翻一番
交通节能推进行动	"十三五"时期，铁路单位运输工作量综合能耗降低5%，营运客车、货车单位运输周转量能耗降低2.1%、6.8%，营运船舶单位运输周转量能耗降低6%，民航业单位运输周转量能耗降低7%
公共机构节能率先行动	"十三五"时期，公共机构单位建筑面积能耗降低10%，公共机构人均能耗降低11%
节能服务产业倍增行动	到2020年，节能服务产业产值比2015年翻一番
节能科技支撑行动	加强关键共性技术研发、示范、推广，推进科技成果的转化应用，全面提升节能技术水平

节能行动	节能目标
居民节能行动	广泛动员居民参与节能，全面推进家庭节能，夯实全社会节能工作基础
节能重点工程推进行动	2020 年力争工业锅炉（窑炉）、电机（水泵、风机、空压机）系统、变压器等通用设备运行能效提高 5 个百分点以上，重点行业主要产品单位能耗指标总体达到国际先进水平，"十三五"期间形成 3 亿吨标准煤左右的节能能力

中国建筑行业和工业"十二五"期间的节能工作取得了哪些进展？

（1）建筑节能目标圆满完成。

建筑能耗指的是建筑在使用过程中所消耗的能源，主要有以下两部分：一是采暖空调能耗，占建筑总能耗的 65% 左右，占主要部分。二是照明、炊事、家电等方面的能耗。

"十二五"时期，我国建筑节能和绿色建筑事业取得重大进展，建筑节能标准不断提高，绿色建筑呈现跨越式发展态势，既有居住建筑节能改造在严寒及寒冷地区全面展开，公共建筑节能监管力度进一步加强，节能改造在重点城市及学校、医院等领域稳步推进，可再生能源建筑应用规模进一步扩大，圆满完成了国务院确定的各项工作目标和任务。

"十二五"时期建筑节能和绿色建筑主要发展指标

指标	2010 年基数	规划目标		实现情况	
		2015 年	年均增速（累计）	2015 年	年均增速（累计）
城镇新建建筑节能标准执行率（%）	95.4	100	4.6	100	4.6
严寒、寒冷地区城镇居住建筑节能改造面积（亿平方米）	1.8	8.8	7	11.7	9.9
夏热冬冷地区诚征居住建筑节能改造面积（亿平方米）	—	0.5	0.5	0.7	0.7
公共建筑节能改造面积（亿平方米）	—	0.6	0.6	1.1	1.1
获得绿色建筑评价标识项目数量（个）	112	—	—	4071	3959
城镇浅层地能应用面积（亿平方米）	2.3	—	4.6	100	4.6
城镇太阳能光热应用面积（亿平方米）	14.8	—	7	11.7	9.9

第三章

83

六大高耗能行业节能量

行业	2012～2017年累计降低（%）	2012～2017年均降低（%）
石油、煤炭及其他燃料加工业	15.7	3.4
化学原料和化学制品制造业	23.3	5.2
非金属矿物制品业	33.0	7.7
黑色金属冶炼和压延加工业	15.4	3.3
有色金属冶炼和压延加工业	11.9	2.5
电力、热力生产和供应业	17.8	3.8

资料来源：国家统计局。

（2）工业节能成效显著。

2017年，规模以上工业单位增加值能耗比2012年累计降低27.6%，高于单位GDP能耗累计降幅6.7个百分点，年均下降6.3%，高于单位GDP能耗年均降幅1.7个百分点。按照单位工业增加值能耗计算，规模以上工业五年累计节能约9.2亿吨标准煤，占全社会节能量的近90%，单位GDP能耗的降低主要是由工业贡献的。工业内部结构优化带来显著的节能成效。近年来，国家严格控制高耗能行业过快增长，高耗能行业单位增加值能耗降幅明显，拉动工业节能成效显著。2017年与2012年相比，六大高耗能行业单位增加值能耗累计降低23.2%，年均下降5.2%。其中，石油、煤炭及其他燃料加工业累计降低15.7%，年均下降3.4%；化学原料和化学制品制造业累计降低23.3%，年均下降5.2%；非金属矿物制品业累计降低33.0%，年均下降7.7%；黑色金属冶炼和压延加工业累计降低15.4%，年均下降3.3%；有色金属冶炼和压延加工业累计降低11.9%，年均下降2.5%；电力、热力生产和供应业累计降低17.8%，年均下降3.8%。六大高耗能行业五年累计节能约6.8亿吨标准煤，占全社会节能量的65%以上。

中国"十三五"期间的主要节能任务有哪些？

"十三五"期间全国节能减排的主要目标

	化学需氧量	氨氮排放总量	二氧化硫排放总量	氮氧化物排放总量
总量控制（万吨）	2001	207	1580	1574
下降比例（%）	10	10	15	15

资料来源：《"十三五"节能减排综合性工作方案》。

2017 年 1 月 5 日，国务院印发《"十三五"节能减排综合性工作方案》，总体目标指出，到 2020 年，全国万元国内生产总值能耗比 2015 年下降 15%，能源消费总量控制在 50 亿吨标准煤以内。全国化学需氧量、氨氮、二氧化硫、氮氧化物排放总量分别控制在 2001 万吨、207 万吨、1580 万吨、1574 万吨以内，比 2015 年分别下降 10%、10%、15% 和 15%。全国挥发性有机物排放总量比 2015 年下降 10% 以上。同时，也提出了各地区的节能目标，除青海、新疆、西藏、海南节能目标较低外（10%），其他地区"十三五"期间的节能目标基本相当。

"十三五"中国各地区的节能目标

地区	"十三五"能耗强度降低目标（%）	2015 年能源消费总量（万吨标准煤）	"十三五"能耗增量控制目标（万吨标准煤）
北京	17	6853	800
天津	17	8260	1040
河北	17	29395	3390
山西	15	19384	3010
内蒙古	14	18927	3570
辽宁	15	21667	3550
吉林	15	8142	1360
黑龙江	15	12126	1880
上海	17	11387	970
江苏	17	30235	3480
浙江	17	19610	2380
安徽	16	12332	1870
福建	16	12180	2320
江西	16	8440	1510
山东	17	37945	4070
河南	16	23161	3540
湖北	16	16404	2500
湖南	16	15469	2380
广东	17	30145	3650
广西	14	9761	1840
海南	10	1938	660
重庆	16	8934	1660
四川	16	19888	3020

第三章

续表

地区	"十三五"能耗强度降低目标 （%）	2015年能源消费总量 （万吨标准煤）	"十三五"能耗增量控制目标 （万吨标准煤）
贵州	14	9948	1850
云南	14	10357	1940
西藏	10	—	—
陕西	15	11716	2170
甘肃	14	7523	1430
青海	10	4134	1120
宁夏	14	5405	1500
新疆	10	15651	3540

注：不含港、澳、台地区。

资料来源：《"十三五"节能减排综合性工作方案》。

　　2016年12月26日，国务院通过《能源发展"十三五"规划》，在2020年能源发展的主要目标中提出能源消费总量控制在50亿吨标准煤以内，单位国内生产总值能耗比2015年下降15%。非化石能源消费比重提高到15%以上，天然气消费比重力争达到10%，煤炭消费比重降低到58%以下。发电用煤占煤炭消费比重提高到55%以上。单位国内生产总值二氧化碳排放比2015年下降18%。

中国能源市场价格机制的主要特征

中国能源价格机制改革已经多年，但各种能源价格改革的步伐并不一致。目前，原油和天然气定价基本上已经与国际市场接轨；成品油定价参考国际市场但主要还是由国家发改委根据国内外市场情况适时、适当做出调整；煤炭价格已经市场化；电力部门按照"管住中间，放开两头"的总体思路，其发售电价由市场竞争形成，输配电价目前还是由国家发改委确定。

中国的煤炭市场价格机制演变经历了哪些主要阶段?

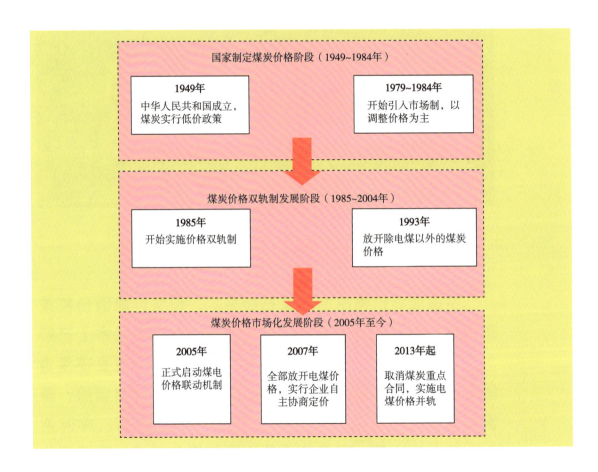

中国煤炭价格体系历史演变

　　煤炭是关系中国国计民生的基础性、战略性资源，新中国成立后的70年，煤炭作为中国的主要能源，有力地支撑了国民经济与社会的发展。从2008年开始，在深刻总结过去煤炭订货改革成果的基础上，中国继续深化煤炭价格市场化改革方向，落实供需双方企业自主协商定价权，正在加快形成反映市场供求关系、资源稀缺程度和环境损害成本的煤炭价格形成体制。目前，在中国能源领域各行业中，煤炭的市场化程度最高。

中国目前有哪些主要的煤炭价格指数？

中国主要煤炭价格指数

	环渤海动力煤价格指数（BSPI）	中国煤炭价格指数（CCPI）
创建时间	2010 年	2006 年
正式发布时间	2010 年	2012 年
编制单位	秦皇岛港	中国煤炭工业协会 中国煤炭运销协会
编制目的	为了及时、客观地反映环渤海地区煤炭现货交易价格水平和变化趋势，引导企业合理决策，并为政府宏观调控提供参考依据	旨在全面、客观、及时地描述全国以及各区域、各品种煤炭市场价格变化的走势和平均变化幅度，短期内反映煤炭市场环境的及时变化，中长期反映煤炭供求关系与煤炭成本变化等深层次复杂因素的综合影响
采价范围	纳入环渤海动力煤价格指数体系的港口包括秦皇岛港、黄骅港、天津港、京唐港、国投京唐港和曹妃甸港六个港口，也称代表港口煤种特指收到基最低位发热量（NAR，Net As Received）为 4500K、5000K、5500K 和 5800K 的动力煤品种，为代表规格品	将全国煤炭市场划分为 8 个区域，包括"三西"地区（山西、陕西、蒙西）、华北、东北、华东、华中、华南、西南、西北，共计 30 个省区 煤种包括 4 个动力煤品种、3 个炼焦煤品种、1 个化工用煤品种。中国煤炭价格指数体系包括 46 个市场单元、8 个区域、8 个品种及全国综合指数等 66 组指数数据
发布时间	每周三	每周一
发布渠道	海运煤炭网 秦皇岛煤炭网	国家煤炭工业网 中国煤炭市场网
评价	该指数的发布填补了中国在煤炭价格指数方面的空白，且由于秦皇岛等环渤海港口本身为煤炭中转枢纽，容易掌握第一手的交易数据，因此该指数偏差较小，发布后即成为中国最具影响力的煤炭价格指数	目前，该指数存有较大争议，普遍认为缺乏短期指导意义。一是中国尚未形成全国统一的煤炭市场；二是煤炭价格尚未完全市场化；三是各地煤种煤质千差万别。因此，在一定程度上，短期内该指数可以用作经济政策参考，但是作为实际交易参考难度较大

为了推进煤炭市场化改革，健全和完善煤炭市场体系，及时反映煤炭价格水平及变化趋势，中国正在逐步完善煤炭价格指数建设体系。2010 年 10 月，国家发改委发出通知，决定

第四章

从当年10月中旬起，试行发布环渤海动力煤价格指数。同年，由中国煤炭资源网、中国（太原）煤炭交易中心、中国焦化网合作成立的CR研究院所推出CR中国煤炭（焦炭）价格指数。2012年7月1日，为推动宏观经济发展及市场经济体制的完善，国家煤炭工业网和中国煤炭市场网又正式发布了中国煤炭价格指数（China Coal Price Index，CCPI）。

中国的煤炭资源税费改革有哪些主要变化？

2014年以前，中国使用的煤炭资源税采取从量征收方式，即各省区吨煤资源税在2.5～3.6元/吨，也就是说，即使煤炭价格上涨至数千元，资源税仍以产量收取，资源税在煤价中占比微乎其微。

2012年，在全国"两会"上，内蒙古和新疆先后向国务院报送了关于进行煤炭资源税改革试点的请示。随后在2012年3月22日发布的《煤炭工业发展"十二五"规划》中，中国政府正式提出，"按照清费立税的原则，积极推进煤炭税费综合改革"。

2014年，财政部、税务总局发布了《关于实施煤炭资源税改革的通知》，自2014年12月1日起，煤炭资源税实施从价计征改革。方案明确，煤炭资源税由从量计征改为从价计征后，结合资源税费规模、企业承受能力、煤炭资源赋存条件等因素，将税率幅度确定为2%～10%，由省、自治区、直辖市人民政府在此幅度内拟定适用税率，现行税费负担较高地区要适当降低负担水平。此外，衰竭期煤矿开采的煤炭可享资源税减征30%优惠，对充填开采置换出来的煤炭，资源税减征50%。在此基础上，2015年8月1日，国家税务总局发布的《煤炭资源税征收管理办法（试行）》开始实施。该办法明确了煤炭计税的具体实施办法。自此确立了煤炭资源税实施从价计征的模式。

中国目前的石油市场主体及流通格局是怎样的？

加入WTO之后，中国石油市场对外开放程度不断加大，成品油零售和批发市场相继开放。特别是国家在2006年底颁布的《原油市场管理办法》和《成品油市场管理办法》标志着中国石油市场体系建设进入法制化管理阶段，中国石油市场多元化竞争格局正逐步形成。2013年颁布的《石油价格管理办法（试行）》更是直接明确了原油价格由企业参照国际市场价格自主制定，彻底放开了原油价格。而在2016年颁布的《石油价格管理办法》中根据销售对象不同，分别实行政府指导价和政府定价。成品油价格仍未完全实现市场化。

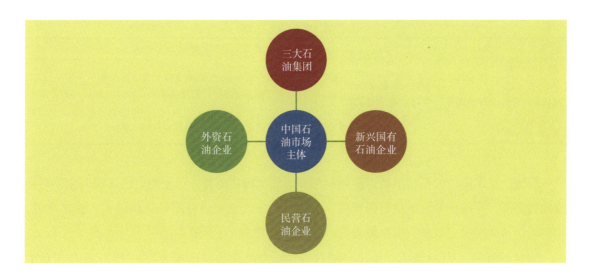

中国石油市场主体

目前，根据企业所有制和市场主体发展规模等因素，中国石油市场主体可分为：三大石油集团、新兴国有石油企业、民营石油企业和外资石油企业四类。其中，中国石油天然气集团公司（以下简称中石油）、中国石油化工集团公司（以下简称中石化）、中国海洋石油总公司（以下简称中海油）三大石油集团作为国家石油公司，在中国石油市场体系中占据主导地位。

此外，目前中国石油市场中，原油和成品油油源大部分被中石油和中石化两大集团公司控制，而批发权主要由两大集团公司主导，只有终端零售环节相对比较开放。

中国原油市场价格机制的主要内容有哪些？

中国石油市场机制历史变迁

阶段	具体时间	定价机制	特点
计划价格	1955～1981 年	政府价格管制	政府对石油价格完全管制，定价由政府自主，不考虑国际市场价格 国家对石油生产、分配等环节实行高度集中的行政计划管理 石油价格与石油产品价值、生产成本及国内供需基本脱节
双轨制	1981～1998 年	垄断性定价与市场定价并行	计划内仍由国家统一定价，原石油部超产与节约部分的石油可按国际价格自行销售 计划内与计划外价格差距过大，导致计划行为和市场行为之间的矛盾和摩擦加剧 滋生大规模腐败和公开的寻租活动

续表

阶段	具体时间	定价机制	特点
市场化改革	1998 年至今	原油与国际市场联动、成品油实行政府指导价	石油产品市场价格开始对石油资源的合理配置发挥作用 石油市场由三大石油公司主导，价格仍未能很好地反映国内市场供需变化 成品油的基准价格仍由国家控制，价格变化相对滞后

　　目前，中国国内的石油市场定价机制与真正的市场化还有一定差距，还不能完全起到合理配置资源，反映产品真实价值的作用，但无疑，中国正在通往市场化的路上。总体来说，中华人民共和国成立以来，中国原油价格机制经历了三个历史时期。

　　根据 1998 年 6 月原国家计委出台的《原油、成品油价格改革方案》和 2016 年出台的《石油价格管理办法》，中国国内原油价格实行同国际市场接轨的办法，原油价格实行市场调节价。

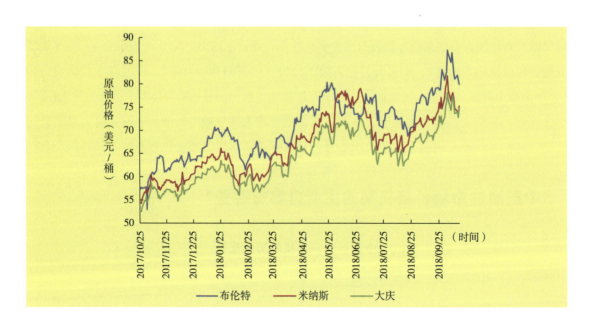

中国大庆原油价格与布伦特、米纳斯原油价格比较（2017/10－2018/9）

资料来源：普氏资讯（Platts）。

　　从目前来看，中国原油价格与国际原油价格已保持高度相关性，相比而言，大庆原油现货价格低于米纳斯原油①现货价格和布伦特原油②现货价格。

中国成品油价格机制经历了哪些改革历程？

中国成品油定价机制改革历程

时间	文件	特点
1998 年 6 月 3 日	《原油、成品油价格改革方案》	成品油价格以国际市场汽、柴油进口完全税成本为基础制定，参考新加坡市场汽、柴油价格，政府制定零售中准价
2000 年 6 月	—	成品油价格逐月进行调整
2001 年 10 月 15 日	《关于完善石油价格接轨办法及调整成品油价格的通知》	国内成品油价格接轨新加坡、鹿特丹、纽约三地成品油市场，改每月调整为不定期调整
2008 年 12 月 18 日及 2009 年 5 月 8 日	《关于实施成品油价格和税费改革的通知》及《底油价格管理办法（试行)》	政府制定最高零售价，参考国际市场原油价格，当国际原油 22 个工作日平均价格变化率超过 4% 时，可考虑调整国内成品油价格
2013 年 3 月 26 日	《关于实施成品油价格和税费改革的通知》及《石油价格管理办法（试行)》	将调价周期由 22 个工作日缩短到 10 个工作日；取消 4% 的调价幅度限制；调整挂靠油种
2016 年 1 月 13 日	《关于进一步完善成品油价格形成机制有关问题的通知》及《石油价格管理办法》	设定成品油价格调控下限为每桶 40 美元；建立油价调控风险准备金

1998 年起，中国开始了成品油定价机制与国际市场接轨的改革历程。到目前为止，中国成品油定价机制经历了六次较为明显的调整。

现行成品油价格形成机制主体是 2008 年底成品油价格和税费改革时推出的。多年来，机制运行顺畅、成效显著，为充分利用国际市场资源，保证国内市场正常供应，促进市场有序竞争，规范经营者行为，抑制不合理需求，促进经济社会持续健康发展发挥了重要作用。但机制运行中也存在调价边界条件较高、调价周期较长、价格信号难以灵敏反映国际市场油价变化、容易产生投机套利行为等问题。

---

① 米纳斯，印度尼西亚油田。亚洲中质低硫原油多数以印度尼西亚的米纳斯原油为基准价。米纳斯原油价格被用作亚洲每天近 150 万桶的中质和重质低硫原油基准价，其中包括印度、中国和越南等国供应的原油。

② 布伦特原油出产于北大西洋北海布伦特地区。伦敦洲际交易所和美国商品交易所有的期货交易，是市场油价的标杆。

　　为此，2013年3月推出了完善后的成品油定价机制，向市场化方向迈出了重要一步，能够更加灵敏地反映国际市场变化，更加有利于利用境外资源，保障国内市场供应。2016年，进一步完善了成品油的价格管理办法，设定了成品油的价格调控下限，并且同时成立了油价调控风险准备金。此举有利于保证油价更加平稳地运行。

中国成品油调价历程

时间	调价内容
2018 年 9 月 30 日	汽、柴油价格每吨分别均上调 240 元和 230 元
2018 年 9 月 17 日	汽、柴油价格每吨均下调 145 元
2018 年 9 月 3 日	汽、柴油价格每吨分别上调 180 元和 170 元
2018 年 8 月 20 日	汽、柴油价格每吨均下调 50 元
2018 年 8 月 6 日	汽、柴油价格每吨均上调 70 元
2018 年 7 月 23 日	汽、柴油价格每吨分别下调 125 元和 120 元
2018 年 7 月 9 日	汽、柴油价格每吨分别上调 270 元和 260 元
2018 年 6 月 25 日	汽、柴油价格每吨均下调 55 元
2018 年 6 月 8 日	汽、柴油价格每吨分别下调 130 元和 125 元
2018 年 5 月 25 日	汽、柴油价格每吨分别上调 260 元和 250 元
2018 年 5 月 11 日	汽、柴油价格每吨分别上调 170 元和 165 元
2018 年 4 月 26 日	汽、柴油价格每吨分别上调 255 元和 245 元
2018 年 4 月 12 日	汽、柴油价格每吨分别上调 55 元和 50 元
2018 年 3 月 28 日	汽、柴油价格每吨分别上调 170 元和 165 元
2018 年 2 月 28 日	汽、柴油价格每吨分别下调 190 元和 185 元
2018 年 2 月 9 日	汽、柴油价格每吨分别下调 170 元和 160 元
2018 年 1 月 26 日	汽、柴油价格每吨分别上调 65 元和 60 元
2018 年 1 月 12 日	汽、柴油价格每吨分别上调 180 元和 175 元
2017 年 11 月 16 日	汽、柴油价格每吨分别上调 265 元和 250 元
2017 年 11 月 2 日	汽、柴油价格每吨均上调 150 元
2017 年 9 月 29 日	汽、柴油价格每吨分别上调 210 元和 195 元
2017 年 9 月 15 日	汽、柴油价格每吨均上调 95 元
2017 年 8 月 4 日	汽、柴油价格每吨分别上调 175 元和 165 元
2017 年 7 月 21 日	汽、柴油价格每吨均上调 75 元
2017 年 6 月 23 日	汽、柴油价格每吨分别下调 250 元和 240 元
2017 年 6 月 9 日	汽、柴油价格每吨分别下调 180 元和 175 元

续表

时间	调价内容
2017 年 5 月 25 日	汽、柴油价格每吨分别上调 140 元和 135 元
2017 年 5 月 11 日	汽、柴油价格每吨分别下调 250 元和 235 元
2017 年 4 月 12 日	汽、柴油价格每吨分别上调 200 元和 190 元
2017 年 3 月 28 日	汽、柴油价格每吨分别下调 230 元和 220 元
2017 年 3 月 14 日	汽、柴油价格每吨均下调 85 元
2017 年 2 月 14 日	汽、柴油价格每吨均上调 50 元
2017 年 1 月 25 日	汽、柴油价格每吨均下调 70 元
2017 年 1 月 12 日	汽、柴油价格每吨均上调 70 元
2016 年 12 月 29 日	汽、柴油价格每吨分别上调 100 元和 95 元
2016 年 12 月 15 日	汽、柴油价格每吨分别上调 435 元和 420 元
2016 年 12 月 1 日	汽、柴油价格每吨分别上调 175 元和 170 元
2016 年 11 月 17 日	汽、柴油价格每吨分别下调 365 元和 355 元
2016 年 10 月 20 日	汽、柴油价格每吨分别上调 355 元和 340 元
2016 年 9 月 19 日	汽、柴油价格每吨分别下调 155 元和 150 元
2016 年 9 月 2 日	汽、柴油价格每吨分别上调 205 元和 200 元
2016 年 8 月 19 日	汽、柴油价格每吨分别上调 175 元和 170 元
2016 年 8 月 5 日	汽、柴油价格每吨分别下调 220 元和 215 元
2016 年 7 月 22 日	汽、柴油价格每吨分别下调 155 元和 150 元
2016 年 6 月 9 日	汽、柴油价格每吨均上调 110 元
2016 年 5 月 26 日	汽、柴油价格每吨分别上调 210 元和 200 元
2016 年 5 月 12 日	汽、柴油价格每吨分别上调 120 元和 115 元
2016 年 4 月 27 日	汽、柴油价格每吨分别上调 165 元和 160 元
2016 年 1 月 14 日	汽、柴油价格每吨分别下调 140 元和 135 元

第四章

2016～2018 年 9 月底，成品油价格共调价 49 次，上调 31 次，下调 18 次。在每次调整成品油价格的同时，中国政府都要求做好对种粮农民、城市公交、农村道路客运、林业、渔业、出租车的补贴以及困难群众生活保障工作。

中国成品油现行价格机制的主要内容是什么？

我国现行的石油定价机制是在 2016 年 1 月 13 日公布实行的《石油价格管理办法》，该文件明确了我国原油和成品油价格制定方式。原油价格实行市场调节价；成品油价区别销售对象，分别实行政府指导价和政府定价。

中国成品油现行定价机制

种类	定价机制
成品油	汽、柴油零售价格和批发价格，向社会批发企业和铁路、交通等专项用户供应汽、柴油供应价格，实行政府指导价
	向国家储备和新疆生产建设兵团供应汽、柴油供应价格，实行政府定价

汽、柴油政府指导价和政府定价均以汽、柴油最高零售价格为依据。汽、柴油最高零售价格以国际市场原油价格为基础，考虑国内平均加工成本、税金、合理流通环节费用和适当利润确定。汽、柴油价格根据国际市场原油价格变化每 10 个工作日调整一次。调价生效时间为调价发布日 24 时。当调价幅度低于每吨 50 元时，不作调整，纳入下次调价时累加或冲抵。

中国的汽油、柴油价格与美国相比，孰高孰低？主要原因是什么？

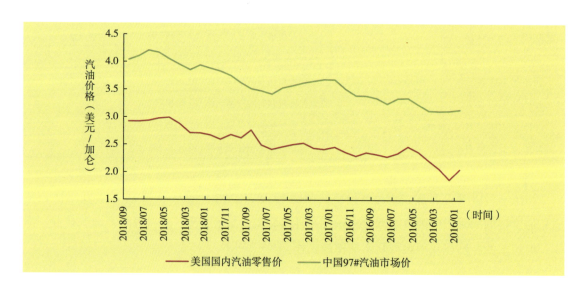

中美汽油价格对比

资料来源：EIA，Wind 资讯。

中美柴油价格对比

资料来源：EIA，Wind 资讯。

比较发现，目前中国国内汽、柴油价格均略高于美国汽油价格，价格变动有所滞后，且相对平缓。据国家发改委相关人士介绍，目前中国成品油价格与欧洲、日韩等大部分国家相比仍然较低，但确实比美国略高，高出部分主要在税收环节，并已收归国库。

中国燃料油期货价格与相关市场价格存在什么联动机制？

燃料油目前在中国石油及石油产品中市场化程度最高。2001 年 10 月 15 日，原国家计

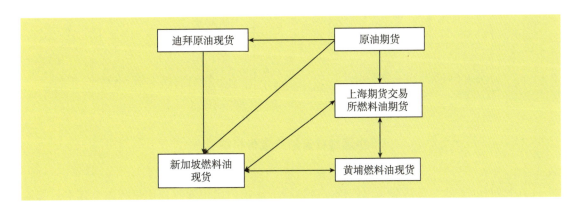

上海燃料油期货市场与国内外市场的联动

委公布的石油定价办法中，正式放开了燃料油的价格，从 2004 年 1 月 1 日起，国家取消了燃料油的进出口配额，实行进口自动许可管理，燃料油的流通和价格完全由市场调节，国内市场与国际市场完全接轨。2004 年 4 月，中国证监会正式批准燃料油期货在上海期货交易所上市，燃料油期货交易开始在中国有效展开。

我们的研究表明，上海燃料油期货价格与相关市场价格的总体走势保持了较强的相关性。由于燃料油期货的主要交割地在广东，因此上海燃料油期货与黄埔燃料油现货市场的关系最为密切。此外，由于新加坡是中国传统的燃料油进口来源地和进口计价中心，新加坡燃料油价格对上海价格和黄埔价格都有影响；新加坡的贸易商一般根据迪拜原油的价格以及迪拜原油和燃料油之间的裂解价差来推算燃料油的价格，因此迪拜原油是与燃料油关系最为密切的原油品种；WTI 原油作为整个石油市场的"风向标"和"晴雨表"，其价格变化会影响所有原油及石油产品的价格；当然，中国石油市场价格的变化，也会反向影响到新加坡的价格，只是这种影响不够直接。

目前，上海燃料油期货市场在不断地融入世界石油市场之中，成为世界石油市场不可或缺的一个重要组成部分。上海燃料油期货交易规模已跃居全球能源期货交易规模第三位，仅次于纽约轻质原油期货和布伦特原油期货。上海燃料油期货的"中国定价"和"中国标准"功能逐步显现。

中国天然气价格机制的主要内容是什么？存在哪些主要问题？

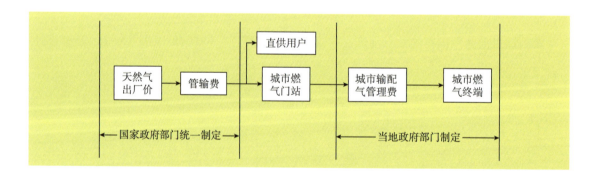

中国现行天然气定价机制

中国现行的天然气价格分为出厂价、管输费、城市门站价和终端用户价四个环节，管输价格由国家和地方物价管理部门统一制定，其他环节均放开实行市场定价。

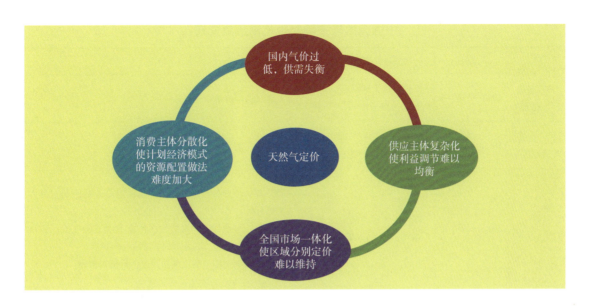

中国现行天然气定价机制的主要问题

从目前来看，该天然气定价方法存在一系列问题。近年来，中国国内关于天然气定价机制改革的呼声日益高涨，国家发改委决定自2011年12月26日起，在广东、广西两省（区）实行天然气价格改革试点，定价方法由"成本加成"定价法改为"市场净回值"定价法[①]，逐步推动天然气定价的市场化改革。2013年6月，国家发改委发布了关于调整天然气价格的通知（发改价格〔2013〕1246号），通知明确表明中国的天然气价格形成机制由"成本加成"定价法向"市场净回值"定价法的改革全面展开。

中国天然气价格定价机制经历了哪些改革历程？

作为将具有较强自然垄断属性的商品，中国天然气价格始终受到政府的严格管制，在新中国成立至改革开放以前的较长一段时间里，天然气价格完全由政府制定。1982年以后，天然气价格机制开始不断改进完善，从进口价格改革、用户价格改革、出厂价格改革、门站价格改革一直到中间运输环节的价格改革，使我国天然气定价机制逐渐完善。

---

① 所谓"市场净回值"定价法，是指放开天然气出厂价格，将天然气的销售价格与由市场竞争形成的可替代能源价格挂钩，在此基础上倒扣管道运输费后回推确定天然气各环节价格。

中国天然气市场定价机制历史变迁

阶段	具体时间	代表文件	特点
井口价格多轨制改革	1982～1987年	《关于颁布天然气商品量管理暂行办法的通知》	天然气进口价格双轨制
用户价格多轨制改革	1992～1997年	《关于四川石油管理局自销天然气实行市场价格的通知》	根据用户性质不同，分类计价
出厂价格改革	2015～2010年	《关于提高国产陆上天然气出厂基准价格的通知》	2005年，用户分类精简，并按照计划内外的区别划分为两档价格，同时统一实行政府指导价 2007年，各油气田供天然气生产企业的天然气出厂价格由市场竞争形成，不再执行中央政府指导价 2010年，取消国产陆上天然气出厂价格双轨制
门站价格改革	2011～2015年	《关于调整天然气价格的通知》（发改价格〔2013〕1246号）	2011年，定价方式由"成本加成"定价法改为"市场净回值"定价法 2011年，天然气门站价格根据可替代能源价格变化情况动态调整 2013年，天然气价格管理由出厂环节调整为门站环节，门站价格为政府指导价，实行最高上限价格管理 2015年，将居民用气最高门站价格改为基准门站价格
运输价格改革	2016年至今	《天然气管道运输价格管理办法（试行）》	明确天然气价格改革的目标是"放开两头，管住中间" 天然气管道运输价格监管向精细化、制度化转变

中国目前有哪些主要的天然气交易市场？

中国主要天然气交易市场

	上海石油天然气交易中心	重庆石油天然气交易中心
创建时间	2015年3月	2016年8月
正式发布时间	2016年11月	2017年1月

	上海石油天然气交易中心	重庆石油天然气交易中心
股东单位	新华社、中石油、中石化、中海油、申能、北燃、新奥、中燃、港华、华能 10 家单位	中石油、中石化、重庆能源、宏融鑫牛、重庆化医、延长石油、湖北能源、新奥、中燃（深圳）、惠州大亚湾华润、华电清洁、中信寰球（上海）、博恩科技 13 家企业
成立目的	加快我国天然气价格改革步伐，通过市场化公开透明的交易平台，发现真实价格，促进资源顺畅流通、合理配置	资源配置做到市场化 促进天然气基础设施向社会开放 价格形成机制做到市场化
业务范围	天然气、非常规天然气、液化石油气、石油等能源产品的现货交易 交易中心发布中国 LNG（液化天然气）出厂价格指数、中国华南 LNG 交易价格指数和中国汽、柴油批发价格指数	管道天然气、成品油、液化天然气和大宗石油天然气化工品等
评价	交易中心创建了良好的市场环境，充分发挥市场配置资源和发现价格的功能，为广大石油天然气经营者提供一个全新的、参与中国乃至亚太石油天然气行业的大舞台，分享经济高速发展的成果	交易中心所处的重庆市，集天然气生产地、消费地、管网枢纽地和金融高地为一体，是国家油气体制改革试点地区。依托"一带一路""长江经济带""重庆自贸区建设"等发展战略，把握中国油气体制改革契机，统筹整合各方资源，建设高起点、高水平的交易中心，将为交易商提供得天独厚的便利条件

第四章

　　天然气是全球重要的大宗商品，其价格话语权代表了一个国家的软实力，建立交易市场是推进市场化改革、提升国际影响力的重要手段和途径。为进一步深化我国石油天然气价格改革，更好地融入国际能源合作，国家在上海建设了全国首家石油天然气交易中心。鉴于重庆石油天然气资源丰富，特别是页岩气开发全国领先，工业大用户集中，管网运输发达，金融市场较为成熟，国家在重庆建设了我国第二家石油天然气交易中心。

　　建设交易平台，既是天然气价格市场化改革的重要成果，也是今后进一步深化改革的重要支撑，还是更好地参与国际能源合作的重要平台。上海、重庆两大交易中心各有侧重、适度竞争、互为支撑、协同发展，将共同促进国内能源市场化改革，加快融入国际市场，提高国际影响力。

中国天然气管网现状如何？

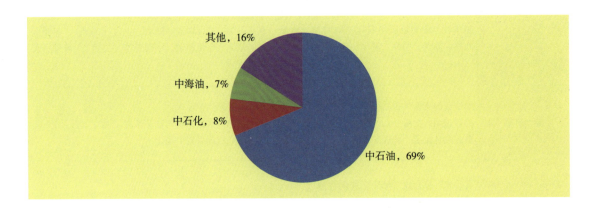

我国长输天然气管道所属企业类型占比

资料来源：中国管道商务网。

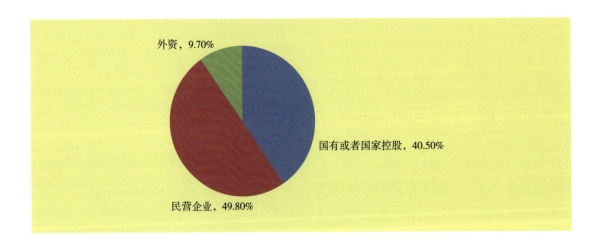

我国城市燃气企业类型占比

资料来源：《中国能源报告》2016。

　　与世界上多数国家类似，中国输气管道产业集中度相对较高，具有非常明显的自然垄断特性。由上图可知，截至2017年底，中国84%的长输管道由中石油、中石化、中海油三家公司掌控。而在城市燃气企业方面，在2015年4月，国家发展和改革委员会、财政部、住建部、交通部、水利部、人民银行联合发布《基础设施和公用事业特许经营管理办法》（国家发展和改革委员会令第 25 号），对特许经营方式，协议订立、履行、变更和终止，监督管理和公共利益保障等内容做了更加明确的要求。仅到 2015 年底，国内有上千家城市燃气企业，已经初步形成了以部分地方国有企业、跨区域集团为主和众多中小民营企业为辅的多种所有制并存的市场格局。

中国电力价格体系经历了哪些主要发展阶段？

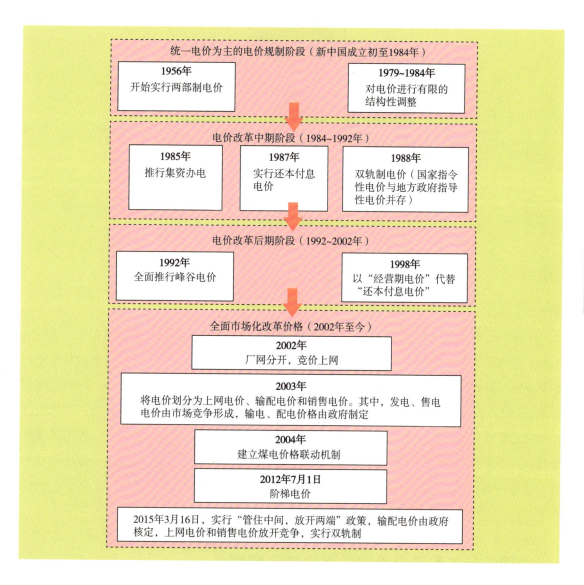

统一电价为主的电价规制阶段（新中国成立初至1984年）

| **1956年** 开始实行两部制电价 | **1979~1984年** 对电价进行有限的结构性调整 |

电价改革中期阶段（1984~1992年）

| **1985年** 推行集资办电 | **1987年** 实行还本付息电价 | **1988年** 双轨制电价（国家指令性电价与地方政府指导性电价并存） |

电价改革后期阶段（1992~2002年）

| **1992年** 全面推行峰谷电价 | **1998年** 以"经营期电价"代替"还本付息电价" |

全面市场化改革价格（2002年至今）

2002年 厂网分开，竞价上网

2003年 将电价划分为上网电价、输配电价和销售电价。其中，发电、售电电价由市场竞争形成，输电、配电价格由政府制定

2004年 建立煤电价格联动机制

2012年7月1日 阶梯电价

2015年3月16日，实行"管住中间，放开两端"政策，输配电价由政府核定，上网电价和销售电价放开竞争，实行双轨制

中国电力价格体系历史演变

第四章

新中国成立以来，中国电力价格机制改革经历了四个主要阶段，即统一电价为主的电价规制阶段、电价改革中期阶段、电价改革后期阶段和全面市场化改革阶段。目前，电力价格市场化改革实践还在不断探索中。

中国现行电力市场价格主要有哪些类型？

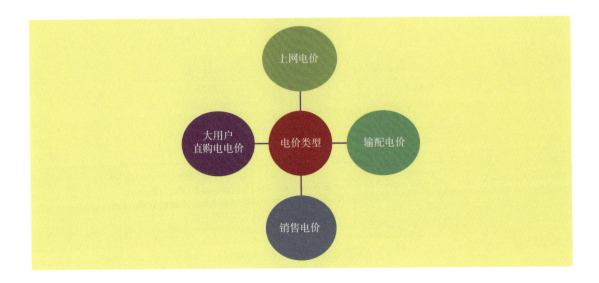

中国现行电价类型

中国现行电价体系按环节划分，包括上网电价、输配电价、销售电价以及大用户直购电电价。上网电价主要由政府制定，实行经营期电价、标杆电价、煤电价格联动等，此外还有招标定价、跨省区电力交易协商定价等市场定价方式。输配电价分为跨区电网、跨省电网和省级电网三个层次，其中跨区电网、跨省电网实行政府定价和企业内部协商定价，省级电网主要通过购销价差的形式体现。销售电价由政府制定，按用电性质和用途分类，按电压等级分档。大用户直购电电价仅有少数试点，采取双边协商定价方式。此外，按电价制度还可划分为两部制电价、电量制电价、定额制电价等；按用电时间可划分为峰谷电价和丰枯电价等。

中国现行的阶梯电价的主要内容有哪些？

2012年7月1日起，电力价格改革方案——阶梯电价——已在全国范围内开始试运行，即根据国家发改委公布的《关于居民生活用电实行阶梯电价的指导意见（征求意见稿）》，中国将实行居民生活用电阶梯式的递增电价，现阶段拟将电价分为 3 档，基础电量为 110 度或 140 度，超出最高档每度电将提价 0.2 元，用电量越多，增加电费越多。同时，该文件指出，第一档电量价格水平 3 年内保持基本稳定，今后随着居民用电量的不断增加，再考虑对第一档电量做适当调整。

中国部分省市出台的阶梯式电价改革方案

省份	第一档电量	第二档电量	第三档电量
北京市	年用电量≤2880 度	2881 度≤年用电量≤4800 度	年用电量>4800 度
	电价不变	电价加 0.05 元/千瓦时	电价加 0.3 元/千瓦时
上海市	年用电量≤3120 度	3120 度≤年用电量≤4800 度	年用电量>4800 度
	电价不变	未分时电价，加 0.05 元/千瓦时；分时电价峰时段加 0.06 元/千瓦时，谷时段加 0.03 元/千瓦时	未分时电价，加 0.30 元/千瓦时；分时电价峰时段加 0.36 元/千瓦时，谷时段加 0.18 元/千瓦时
天津市	月用电量≤220 度	221 度≤月用电量≤400 度	月用电量>400 度
	电价不变	电价加 0.05 元/千瓦时	电价加 0.25 元/千瓦时
重庆市	月用电量≤200 度	201 度≤月用电量≤400 度	月用电量≥401 度
	电价不变	电价加 0.05 元/千瓦时	电价加 0.3 元/千瓦时
山东省	年用电量≤2520 度	2520 度≤年用电量≤4800 度	年用电量>4800 度
	电价不变	电价加 0.05 元/千瓦时	电价加 0.25 元/千瓦时
浙江省	年用电量≤2760 度	2761 度≤年用电量≤4800 度	年用电量≥4800 度
	电价不变	电价加 0.05 元/千瓦时	电价加 0.3 元/千瓦时
广东省	夏季（5～10 月）：月用电量≤260 度；非夏季（11 月～次年 4 月）：月用电量≤200 度	夏季（5～10 月）：261 度≤月用电量≤600 度；非夏季（11 月～次年 4 月）：201 度≤月用电量≤400 度	夏季（5～10 月）：月用电量>600 度；非夏季（11 月～次年 4 月）：月用电量>400 度
	电价不变	电价加 0.05 元/千瓦时	电价加 0.3 元/千瓦时
四川省	月用电量≤180 度（保留低谷时段优惠电价）	月用电量 181 度至 280 度（保留低谷时段优惠电价）	月用电量≥281 度（保留低谷时段优惠电价）
	电价不变	电价加 0.1 元/千瓦时	电价加 0.3 元/千瓦时
青海省	月用电量≤150 度	150 度≤月用电量≤230 度	月用电量 230 度以上
	电价不变	电价加 0.05 元/千瓦时	电价加 0.25 元/千瓦时
江苏省	月用电量≤230 度	231≤月用电量≤400 度	月用电量≥401 度
	电价不变	电价加 0.05 元/千瓦时	电价加 0.3 元/千瓦时

第四章

续表

省份	第一档电量	第二档电量	第三档电量
江西省	月用电量≤150度	151≤月用电量≤280度	月用电量≥281度
	电价不变	电价加0.05元/千瓦时	电价加0.3元/千瓦时
海南省	夏季（4～10月）：月用电量≤220度；冬季（11月～次年3月）：月用电量≤160度	夏季（4～10月）：221度≤月用电量≤360度；非夏季（11月～次年3月）：161度≤月用电量≤290度	夏季（4～10月）：月用电量≥361度；非夏季（11月～次年3月）：月用电量≥291度
	电价不变	电价加0.05元/千瓦时	电价加0.3元/千瓦时
云南省	丰水期（5～11月）：不实行阶梯电价；枯水期（12月～次年4月）：月用电量≤170度	丰水期（5～11月）：不实行阶梯电价；枯水期（12月～次年4月）：171度≤月用电量≤260度	丰水期（5～11月）：不实行阶梯电价；枯水期（12月～次年4月）：月用电量≥261度
	丰水期所有电量执行0.45元的优惠电价；枯水期执行0.45元/千瓦时	丰水期所有电量执行0.45元的优惠电价；枯水期执行0.5元/千瓦时	丰水期所有电量执行0.45元的优惠电价；枯水期执行0.8元/千瓦时
湖南省	月用电量≤180度	春秋季（3月、4月、5月、9月、10月、11月）：180度≤月用电量≤350度；冬夏季（1月、2月、6月、7月、8月、12月）：181度≤月用电量≤450度	春秋季（3月、4月、5月、9月、10月、11月）：月用电量≥351度；冬夏季（1月、2月、6月、7月、8月、12月）：月用电量≥450度
	电价不变	电价加0.05元/千瓦时	电价加0.3元/千瓦时
福建省	月用电量≤200度	201≤月用电量≤400度	月用电量≥401度
	电价不变	电价加0.05元/千瓦时	电价加0.3元/千瓦时
内蒙古	月用电量≤170度	171≤月用电量≤260度	月用电量≥261度
	电价不变	电价加0.05元/千瓦时	电价加0.3元/千瓦时
山西省	月用电量≤170度	171≤月用电量≤260度	月用电量≥261度
	电价不变	电价加0.05元/千瓦时	电价加0.3元/千瓦时
河北省	月用电量≤170度	171≤月用电量≤250度	月用电量≥251度
	电价不变	电价加0.05元/千瓦时	电价加0.3元/千瓦时
湖北省	年用电量≤2160度	2161度≤年用电量≤4800度	年用电量≥4801度
	电价不变	电价加0.05元/千瓦时	电价加0.3元/千瓦时
河南省	月用电量≤150度	151≤月用电量≤230度	月用电量≥231度
	电价不变	电价加0.05元/千瓦时	电价加0.3元/千瓦时
广西壮族自治区	月用电量≤130度	131≤月用电量≤220度	月用电量≥221度
	电价不变	电价加0.05元/千瓦时	电价加0.3元/千瓦时
贵州省	年用电量≤3000度	3001度≤年用电量≤4700度	年用电量≥4701度
	电价不变	电价加0.05元/千瓦时	电价加0.3元/千瓦时

续表

省份	第一档电量	第二档电量	第三档电量
甘肃省	月用电量≤160度	161≤月用电量≤240度	月用电量≥241度
	电价不变	电价加0.05元/千瓦时	电价加0.3元/千瓦时
辽宁省	月用电量≤150度	151≤月用电量≤250度	月用电量≥251度
	电价不变	电价加0.05元/千瓦时	电价加0.3元/千瓦时
吉林省	年用电量≤2040度	2041度≤年用电量≤3120度	年用电量≥3121度
	电价不变	电价加0.05元/千瓦时	电价加0.3元/千瓦时
黑龙江	月用电量≤170度	171≤月用电量≤260度	月用电量≥261度
	电价不变	电价加0.05元/千瓦时	电价加0.3元/千瓦时
宁夏回族自治区	月用电量≤170度	171≤月用电量≤260度	月用电量≥261度
	电价不变	电价加0.05元/千瓦时	电价加0.3元/千瓦时
安徽省	月用电量≤180度	181≤月用电量≤350度	月用电量≥351度
	电价不变	电价加0.05元/千瓦时	电价加0.3元/千瓦时
陕西省	月用电量≤180度	181≤月用电量≤350度	月用电量≥351度
	电价不变	电价加0.05元/千瓦时	电价加0.3元/千瓦时

现阶段，中国电价改革的思路是：在改进完善既有电价政策和电价机制的基础上，逐步推进竞争环节价格市场化、垄断环节价格规范化，实现由政府定价为主向市场定价与政府定价协同并重转变。

中国煤电价格联动机制的主要内容有哪些？主要问题是什么？

煤电价格联动实施情况及电价改革历程

时间	实施情况
2005年	5月1日，实施了首次煤电价格联动，全国上网电价平均上调1.78分/千瓦时，销售电价平均上涨2.52分/千瓦时 11月，再次满足了联动条件，但并未有所动作
2006年	6月30日，实施了第二轮煤电价格联动，此次电价调整后，全国上网电价平均上调1.174分/千瓦时，销售电价平均提高2.494分/千瓦时，主要涉及政府项目、发电项目、电网项目以及地方项目
2007年	全国煤炭价格每吨普遍上涨30元左右，涨幅达到8%。中电联和五大发电集团上书请求启动煤电联动，但由于阻力较大，发改委没有发布上调电价的政策

第四章

续表

时间	实施情况
2008 年	7 月 1 日，全国销售电价平均提高 2.61 分/千瓦时，其中 1.64 分用于补偿煤炭涨价 8 月 20 日，全国火力发电（含燃煤、燃油、燃气发电和热电联产）企业上网电价平均提高 2 分/千瓦时，燃煤机组标杆上网电价同步调整。但电网经营企业对电力用户的销售电价暂不做调整
2009 年	11 月 20 日，全国非民用电价平均提高 2.8 分/千瓦时，居民电价暂不调整
2011 年	4 月 10 日，上调部分亏损严重火电企业上网电价，调价幅度视亏损程度不等。全国有 11 个省份的上网电价上调 1 分/千瓦时以上。其中，煤电价格严重倒挂的山西上调上网电价 2.6 分/千瓦时，河南上调上网电价 1.5 分/千瓦时。暂不调整居民电价 5 月，发改委通知要求全国 15 个省份上网电价平均上调 2 分左右，销售电价 6 月 1 日开始调整，居民电价不上调；上调涉及工业、商业、农业用户。15 个省包括山西、青海、甘肃、江西、海南、陕西、山东、湖南、重庆、安徽、河南、湖北、四川、河北、贵州 6 月，全国 15 个省市销售电价平均上调 1.67 分/千瓦时，居民电价不上调；上调涉及工业、商业、农业用户。其中，山西省销售电价上涨金额最多，每千瓦时上涨 2.4 分，四川省每千瓦时仅上调 0.4 分，调整额最小。 12 月 1 日，全国销售电价平均上调 3 分/千瓦时，上网电价对煤电企业上调 2.6 分/千瓦时。居民用电价格暂不上调
2012 年	7 月 1 日，开始实施阶梯电价 12 月 25 日，国务院发布国办发〔2012〕57 号文件《国务院办公厅关于深化电煤市场化改革的指导意见》，鉴于当前重点合同电煤与市场煤价格接近，此次电煤价格并轨后上网电价总体暂不作调整，对个别问题视情况个别解决
2013 年	10 月，火电上网电价下调幅度 1.1~1.4 分/千瓦时
2014 年	8 月 26 日，火电上网电价再降低 0.93 分/千瓦时
2015 年	4 月 20 日，将全国燃煤发电上网电价平均每千瓦时降低约 0.2 分，工商业用电价格平均降低 0.18 分/千瓦时，以降低企业成本，稳定市场预期，促进经济增长
2016 年	1 月，国家发改委根据煤炭价格下降幅度，下调燃煤机组上网电价 0.3 分/千瓦时，并同幅度下调一般工商业销售电价
2017 年	煤电标杆上网电价全国平均应上涨每千瓦时 0.18 分。由于联动机制规定，标杆上网电价调整水平不足每千瓦时 0.2 分时，当年不调整，调价金额纳入下一周期累计计算。据此，2017 年 1 月 1 日，全国煤电标杆上网电价将不做调整 5 月 31 日，已征收 50 多年的城市公用事业附加费近期被取消，此举可使我国平均降低 0.11 分/千瓦时

　　在煤炭市场化的前提下，煤价步步攀高，而电价尚未完全实现市场定价，完全无法适应

电煤价格开放的市场变化，不能及时和煤价实现合理联动，并逐渐激化了煤与电之间的矛盾。为理顺煤、电价格关系，缓解煤电价格矛盾，2004年底，中国政府根据《国家发展改革委员会关于建立煤电价格联动机制的意见》，建立了煤电联动机制。

煤电联动的基本内容是，对煤电价格实行区间联动。以5000大卡/千克代表规格品电煤价格为标准，周期内电煤价格与基准煤价相比波动不超过每吨30元（含）的，成本变化由发电企业自行消纳，不启动联动机制。周期内电煤价格与基准煤价相比波动超过每吨30元的，对超过部分实施分档累退联动，即当煤价波动超过每吨30元且不超过60元（含）的部分，联动系数为1；煤价波动超过每吨60元且不超过100元（含）的部分，联动系数为0.9；煤价波动超过每吨100元且不超过150元（含）的部分，联动系数为0.8；煤价波动超过每吨150元的部分不再联动。相应调整电价，其中煤价涨幅的90%由电价来补偿，其余10%由发电企业通过降低成本来承担。按此测算后的上网电价调整水平不足每千瓦时0.2分钱的，当年不实施联动机制，调价金额并入下一周期累计计算。按煤电价格联动机制调整的上网电价和销售电价于每年1月1日实施。

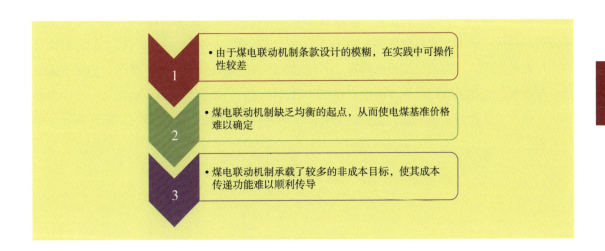

中国煤电价格联动机制的主要弊端

煤电联动的实施是为了在一定程度上缓解煤电双方的矛盾，但在实际运用中却发现存在着诸多弊端，并未能发挥出其良好的调控水平。这是由于煤电联动政策的实施，一开始就存在着先天的制度缺陷，因此注定了其在运行过程中困难重重。

中国现行能源成本核算存在的问题有哪些？

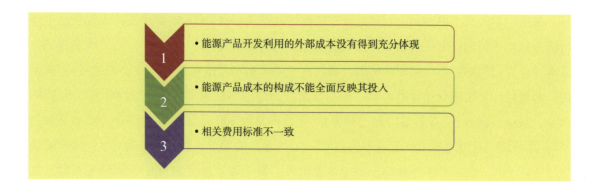

1. • 能源产品开发利用的外部成本没有得到充分体现
2. • 能源产品成本的构成不能全面反映其投入
3. • 相关费用标准不一致

中国现行能源成本核算存在的问题

　　中国现行能源成本核算中还存在一些问题。例如，资源开发利用过程中的生态环境等外部成本基本由能源产业的上游企业、能源资源富集地区来承担，终端消费者和消费地区则几乎没有承担这一成本。成本构成方面也不能全面反映其投入。例如，对油气成本的构成没有如实反映勘探投入；对油气生产的勘探、开发和生产各阶段的耗费反映不清晰，不便于成本分析与控制。在相关费用标准方面也存在不一致的情况。例如，油气提取储量又称使用费和油田维护费的抵扣标准不一致，有关储量有偿使用费和油田维护费的规定与国际惯例有一定的差别。

中国碳排放的主要特征与低碳发展的动向

中国目前是全球最大的碳排放国,是《联合国气候变化框架公约》的缔约国之一,2002 年中国政府宣布签订《京都议定书》。中国作为发展中国家,为了应对全球气候变化,自觉减排,充分展现了负责任大国的形象。2009 年中国政府承诺 2020 年单位国内生产总值温室气体排放量要比 2005 年下降 40% ~ 45%。2016 年,国务院印发《"十三五"控制温室气体排放工作方案》,指出 2020 年,单位国内生产总值二氧化碳排放比 2015 年下降 18%,碳排放总量得到有效控制。2017 年 12 月 19 日,国家发展改革委印发《全国碳排放权交易市场建设方案(发电行业)》,稳步推进全国碳排放权交易市场建设。

改革开放以来中国的碳排放与经济增长存在什么关系？

自改革开放以来，中国经济发展取得了显著的成效，快速的经济增长不可避免地带来了资源消耗、碳排放增加等问题。

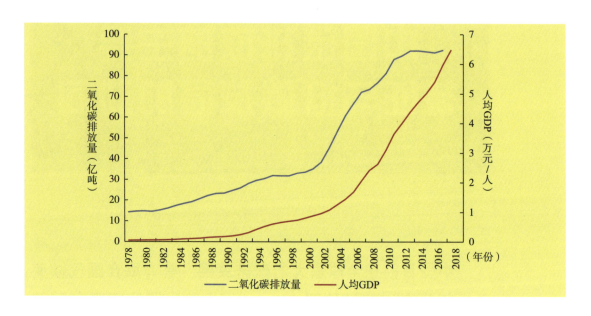

1978 ~2018 年中国人均 GDP 和二氧化碳排放量

资料来源：《BP 世界能源统计年鉴 2018》《中国统计年鉴 2018》《国民经济和社会发展统计公报 2018》。

中国的二氧化碳排放尽管在 1997 ~ 2000 年出现下降趋势，但 2002 年后又保持增长趋势。与此同时，人均 GDP 一直保持持续增长。到 2017 年，二氧化碳排放和人均名义 GDP 分别增长至 92.3 亿吨和 6.0 万元/人。从总体上说，随着经济规模的继续扩大，未来较长一段时间内，化石能源消费仍将在经济发展过程中发挥重要作用，导致二氧化碳排放量将继续增加。

中国的碳排放快速增长的主要来源有哪些?

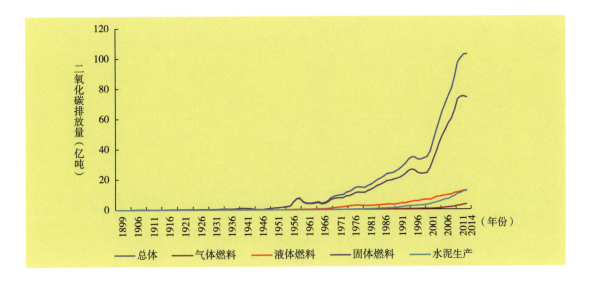

1899～2014 年中国二氧化碳排放总量及其主要来源

资料来源:美国橡树岭国家实验室二氧化碳信息分析中心(CDIAC)①。

从 1899～2014 年中国大陆二氧化碳排放量以及各类化石燃料的碳排放量可以看出,1978 年以后,中国二氧化碳排放量急剧上升,并呈现持续增高的走势;同时,各类化石燃料与水泥生产排放的二氧化碳也持续增长,其中,固体燃料排放二氧化碳量增长幅度最大,液体燃料排放的二氧化碳排放量高于水泥生产产生的二氧化碳,气体燃料排放的二氧化碳一直相对最低。

第五章

_____

① CDIAC、世界银行世界发展指标(WDI)数据库的碳排放数据包括化石燃料燃烧和水泥生产排放的二氧化碳,《BP 世界能源统计年鉴》的碳排放数据只包括化石燃料燃烧排放的二氧化碳,以下类同。

中国的碳排放总量在世界范围内处于什么位置？

1965～2016 年中国、美国、欧盟的二氧化碳排放量比较

资料来源：《BP 世界能源统计年鉴 2018》。

中国碳排放占全球碳排放份额逐年增加，已成为全球最大碳排放国。比较中国、美国和欧盟碳排放量可以看出，中国的碳排放量在 2003 年超过欧盟，2005 年超过美国，成为世界最大的碳排放国。2017 年，中国碳排放量占全球碳排放量的 27.6%，美国占 15.2%，欧盟占 10.6%。

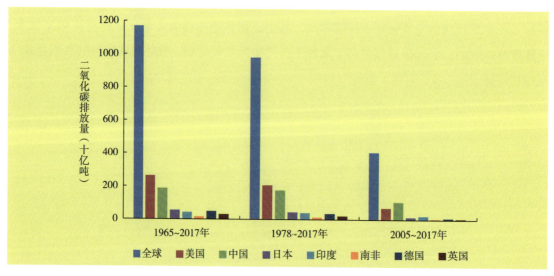

主要国家二氧化碳的历史累计排放量比较

资料来源：《BP 世界能源统计年鉴 2018》。

中国碳排放的历史累计量明显低于主要发达国家，但近些年这种比较优势逐渐减弱。无论是从 1965 年至今，还是从改革开放我国经济快速发展（1978 年）至今，中国的历史累计碳排放量都低于美国。但是，2005 年，中国第一次超越美国成为世界第一排放大国，中国历史累计碳排放较低的比较优势正在逐渐失去，2005～2017 年的二氧化碳累计排放量超过美国。1965～2017 年，美国累计碳排放量在全球各国中最大，占全球总排放量的 23%，中国碳排放量占全球的 16%，相当于美国的 71%。2005～2017 年，中国超过美国成为全球累计排放量最大的国家，累计碳排放量占全球的 26%，美国累计碳排放量占全球的 17%。

中国的人均碳排放量与发达国家相比处于什么位置？

1990～2017 年中国人均二氧化碳排放量

资料来源：1990～2014 年的数据来自世界银行世界发展指标数据库；2015～2017 年的数据是笔者根据《BP 世界能源统计年鉴 2018》与《中国统计年鉴 2018》相关数据整理得到。

从 1990～2017 年中国人均二氧化碳排放量及其增长率可以看到，2000 年之前，中国人均碳排放量相对平缓；但 2000 年之后，中国人均二氧化碳排放量迅速起步上扬，其中，2003 年同比增长 17%，此后，人均碳排放量增速明显趋缓。2014 年，中国人均碳排放量为 7.54 吨/人，超过世界平均水平 4.97 吨/人，但与美国的人均排放量 16.49 吨/人还相差甚远。

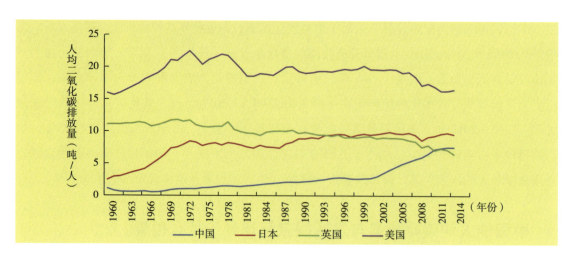

1960～2014 年世界主要国家的人均二氧化碳排放量

资料来源：世界银行世界发展指标数据库。

世界银行的数据表明，1960～2010 年，中国人均二氧化碳排放量一直低于美国、英国、日本等发达国家，2011 年，中国人均碳排放量超过英国。2014 年，中国人均碳排放量相比前几年已有较大增加，相当于日本的 79%，美国的 46%。

中国的碳排放强度近些年有什么变化趋势？在世界范围内处于什么位置？

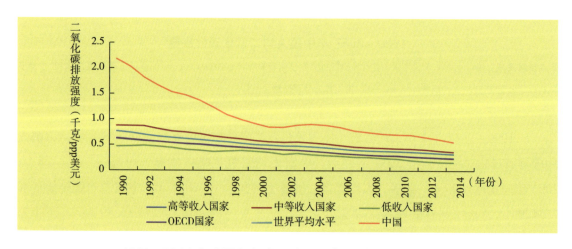

1990～2014 年中国与各类国家的二氧化碳排放强度比较

资料来源：世界银行世界发展指标数据库。

目前，中国单位国内生产总值的碳排放量（碳排放强度）的绝对值仍较高。2014 年，中国碳排放强度是高收入国家的 2.3 倍，中等收入国家的 1.5 倍，低收入国家的 3.5 倍，OECD 国家的 2.4 倍，世界平均水平的 1.7 倍。但是，中国在降低碳排放强度方面付出了积极的努力，取得了举世瞩目的成就。1990～2014 年，中国碳排放强度下降明显，降幅达 74%。

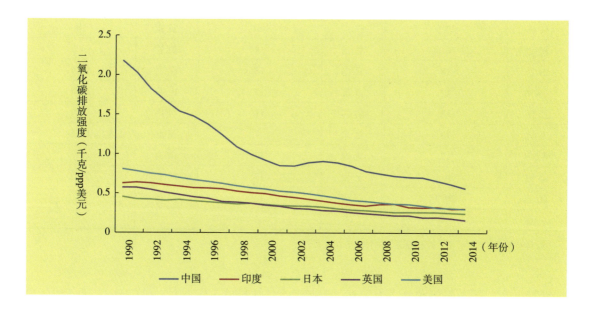

1990～2014 年世界主要国家的二氧化碳排放强度比较

资料来源：世界银行世界发展指标数据库。

另外，1990～2014 年中国碳排放强度一直高于美国、英国、日本、印度等国。2014 年，中国碳排放强度分别相当于美国、英国、日本和印度的 1.9 倍、3.5 倍、2.3 倍和 1.8 倍。但是 1990～2014 年，中国的碳排放强度降幅最大，减排成效最明显。

中国未来的碳排放强度下降目标是什么？

2009 年，在哥本哈根世界气候变化大会前夕，中国政府对外承诺，2020 年中国单位国内生产总值的二氧化碳排放量要比 2005 年下降 40%～45%（40、45 碳强度目标）。该数量化的减排目标作为约束性指标被纳入中国国民经济和社会发展的中长期规划，这将是一个"需付出艰苦卓绝努力"的目标，也标志着中国首次提出减少二氧化碳排放的目标，充分体

第五章

现了中国作为一个负责任大国，高度重视全球气候变化问题。2016年，中国确立了"十三五"期间温室气体减排的目标，提出"十三五"期间碳排放强度要下降18%。

"十三五"期间中国各地区二氧化碳排放强度下降指标

地区	碳排放强度下降（%）	地区	碳排放强度下降（%）	地区	碳排放强度下降（%）
北京	20.5	重庆	19.5	浙江	20.5
天津	20.5	四川	19.5	安徽	18
河北	20.5	贵州	18	福建	19.5
山西	18	云南	18	江西	19.5
内蒙古	17	西藏	12	山东	20.5
辽宁	18	陕西	18	河南	19.5
吉林	18	甘肃	17	湖北	19.5
黑龙江	17	青海	12	湖南	18
上海	20.5	宁夏	17	广东	20.5
江苏	20.5	新疆	12	广西	17
海南	12				

资料来源：《"十三五"控制温室气体排放工作方案》。

2016年，国务院印发《"十三五"控制温室气体排放工作方案》，详细规定了各地区单位国内生产总值二氧化碳排放量的下降指标，其中北京、天津、河北、上海、江苏、浙江、山东、广东碳排放强度分别下降20.5%，这八个省市的减排压力是最大的。福建、江西、河南、湖北、重庆、四川分别下降19.5%，山西、辽宁、吉林、安徽、湖南、贵州、云南、陕西分别下降18%，内蒙古、黑龙江、广西、甘肃、宁夏分别下降17%，海南、西藏、青海、新疆分别下降12%。相比而言，位于西部的西藏、青海、新疆地区以及海南的减排压力则比较小。

中国在巴黎会议提出哪些能源发展目标？

2015年11月30日至12月11日，巴黎会议在巴黎召开，大会经各方协商，通过气候变化协定《巴黎协定》，该协定为2020年后全球应对气候变化行动作出安排。《巴黎协定》的最大贡献之一在于明确了全球共同追求的"硬指标"，即把全球平均气温较工业化前水平升高控制在2℃之内，并为把升温控制在1.5℃之内努力。中国全国人大常委会于2016年9月

3 日批准中国加入《巴黎气候变化协定》，中国成为第 23 个完成批准协定的缔约方。

中国在巴黎气候变化大会上提出的能源发展目标

文件要点	主要内容
行动目标	2020 年行动目标： ①单位国内生产总值二氧化碳排放比 2005 年下降 40% ~ 45% ②非化石能源占一次能源消费比重达到 15% 左右 ③森林面积比 2005 年增加 4000 万公顷 ④森林蓄积量比 2005 年增加 13 亿立方米
	2030 年行动目标： ①二氧化碳排放 2030 年左右达到峰值并争取尽早达峰 ②单位国内生产总值二氧化碳排放比 2005 年下降 60% ~ 65% ③非化石能源占一次能源消费比重达到 20% 左右 ④森林蓄积量比 2005 年增加 45 亿立方米左右

资料来源：《强化应对气候变化行动——中国国家自主贡献》。

中国作为一个"负责任大国"，积极推动巴黎协定通过。2015 年 6 月 30 日，中国向联合国气候变化框架公约（以下简称公约）秘书处提交应对气候变化国家自主贡献文件《强化应对气候变化行动——中国国家自主贡献》，不仅展现了中国应对气候变化的积极态度和决心，也成为此次峰会成功的重要力量。在文件中，中国分别提出能源发展 2020 年和 2030 年目标，提出到 2030 年左右二氧化碳排放达到峰值并争取尽早达峰。

中国在碳排放达峰问题方面做出了哪些努力？

减少温室气体排放已经成为全球性共识，碳排放达峰是减少温室气体排放的重要途径。根据自身国情、发展阶段、可持续发展战略和国际责任担当，中国确定了到 2030 年的自主行动目标：二氧化碳排放 2030 年左右达到峰值并争取尽早达峰。为了实现碳排放达峰目标，中国各省市积极采取行动，目前已有 72 个城市提出自己的碳排放达峰目标，如 2017 年 12 月，武汉发布《武汉市碳排放达峰行动计划（2017 ~ 2022）》，提出到 2022 年，全市碳排放量达到峰值，工业（不含能源）、建筑、交通、能源领域和全市 14 个区（开发区）二氧化碳排放得到有效控制，该计划对武汉市各个方面的发展目标进行细致化确定。

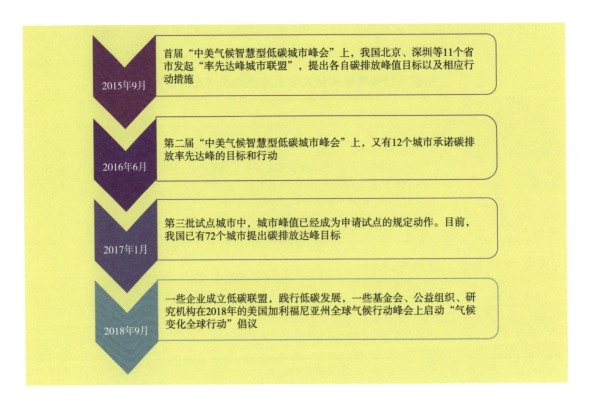

2015~2018 年中国各省市陆续提出碳排放达峰目标及行动计划

我国积极推进碳排放目标，在 2015 年和 2016 年的"中美气候智慧型低碳城市峰会"上，共有 23 个省市承诺碳排放达峰的目标和行动。峰值是低碳试点城市工作逐渐深入的体现，我国从 2010 年开始陆续在全国组织开展三批低碳省区和城市试点工作。在前两批低碳试点中，国家主管部门并未对其提出峰值目标要求，2017 年公布的第三批试点城市中，城市峰值已经成为申请试点的规定动作。中国各省市陆续提出碳排放达峰目标及行动计划，展现了中国实现碳达峰的决心和努力。

中国近些年为实现碳减排目标制定了哪些规划与措施？

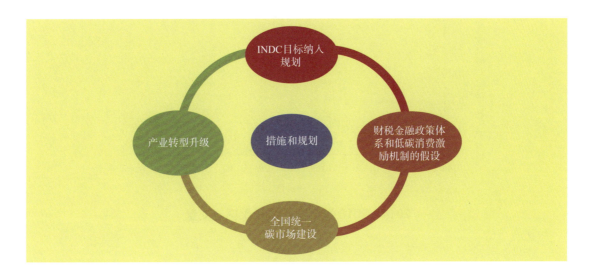

中国应对气候变化制定的规划与措施

自2015年《巴黎协定》签订以后，中国确立了有雄心的INDC减排目标，这是中国统筹国内能源、环境、经济协调发展与全球应对气候变化、控制碳排放国内国际两个大局的战略选择。中国为实现碳减排目标，制定了相应规划和措施，加强制度和政策保障体系的建设，包括：把INDC目标纳入国家和省（市）"十三五"至"十五五"国民经济和社会发展规划；加强财税金融政策体系和低碳消费激励机制的假设；加强碳交易市场建设，2017年建立全国统一的碳交易市场；经济发展新常态下加速产业转型升级，控制和减缓能源消费和二氧化碳排放总量的增长。

国际碳交易市场目前的发展状况如何？

2005年2月16日，《京都议定书》正式生效。为有效实现全球减排义务，《京都议定书》提出了三种灵活机制，碳交易市场是其中之一。截至2018年9月1日，全球共有40个碳交易体系（ETS）。

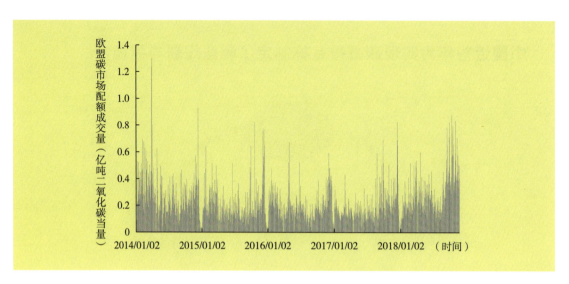

2014～2018年欧盟碳市场配额成交量

资料来源：Wind。

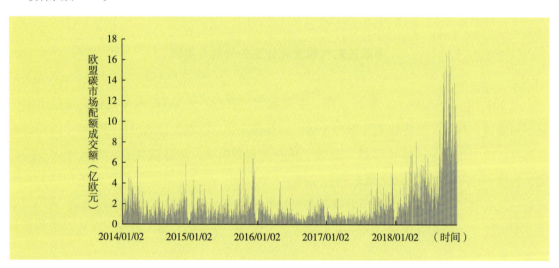

2014～2018年欧盟碳市场配额成交额

资料来源：Wind。

近几年，国际碳交易市场发展迅速，规模日趋庞大。包括排放交易体系（ETS）和碳税在内的碳定价倡议在2018年的总价值为820亿美元。在全球碳交易市场中，欧盟碳交易市场是主体，总价值为317.6亿美元，是目前世界最大的碳定价倡议。欧盟碳市场从2014年（中国7个试点碳市场全部启动上线交易）起，配额成交量发展较为平稳，但成交额在2018年有大幅增长，主要原因为2018年碳价大幅上涨，截至2018年11月21日，欧盟碳市场的碳价最高达到25.19欧元/吨二氧化碳当量，是2014年以来最低价（3.93欧元/吨二氧化碳当量）的6.4倍。

国际间碳定价倡议	
88NDCS 计划或考虑使用碳定价和/或市场机制	**56**% 国家自主贡献倡议国的碳排放量占全球比重

区域、国家和地方碳定价倡议	
45个 **25**个 国家 州地区 具有碳定价措施司法管辖权的地区	**51**个 碳定价计划 正在实施或计划实施

覆盖全球每年温室气体排放的

$$11GtCO_2e=20\%$$

目前执行的碳定价倡议的碳价

$$US\$1-139/tCO_2e$$

其中46%的排放定价<US$10/tCO_2e

2017年政府碳定价收益 **US$33billion** 高于2016年的US$22billion	2018年碳定价倡议碳排放总价值 **US$82billion** 高于2017年的US$52billion

内部碳定价措施

超过**1300**个企业 在2018~2019年使用或计划使用内部碳定价	其中**84**% 的企业所在区域位于有强制性碳定价倡议的地区

企业内部碳定价范围

$$US\$0.01-909/tCO_2e$$

碳定价倡议数字图解

资料来源:《2018 年碳定价现状与趋势》。

第五章

在过去几年，国际碳定价倡议发展迅速。根据世界银行发布的《2018 年碳定价现状与趋势》报告，2018 年碳定价倡议的总额度包括排放交易体系（ETS）和碳税在内达到 820 亿美元，比 2017 年增加 58%。截至 2018 年，45 个国家和 25 个州级地区规定了碳价，已执行或计划执行的碳定价计划的总数达到 51 个。这些碳定价倡议涵盖了 110 亿吨碳排放，占全球碳排放的 20%，而 2017 年这一数值分别为 80 亿吨和 15%。这主要是中国国家碳交易体系的建立预期导致的。在碳价方面，目前碳价跨度很大，从不到 1 美元/吨至 139 美元/吨。

中国碳交易市场目前的发展状况如何？

目前，全球范围内建立了多种碳交易市场，中国从 2011 年起在北京、上海、天津、重庆、湖北、广东、深圳七个省市开展碳排放权交易试点，并于 2014 年全部启动上线交易。截至 2017 年底，七个试点碳市场累计成交量突破 1.4 亿吨。

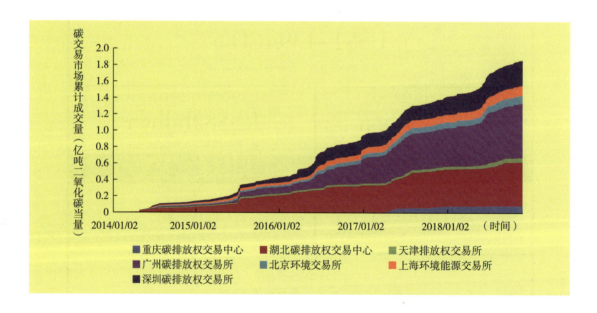

2014～2018 年中国碳交易市场累计成交量

资料来源：Wind。

从 2014 年中国七个碳交易试点全部上线交易以来，中国碳市场逐步发展，碳市场累计成交量逐年增长且增长速度越来越快。中国七个碳交易试点中，广州碳排放权交易所和湖北碳排放权交易中心碳市场成交量最大，分别占我国碳市场累计成交总量的 35.62% 和 28.75%。截至 2018 年 11 月 22 日，中国碳市场累计交易量 1.87 亿吨二氧化碳当量，占欧盟气候交易所碳市场交易量不到 1%。

中国在清洁发展机制法律法规与机制建设方面取得了哪些进展？

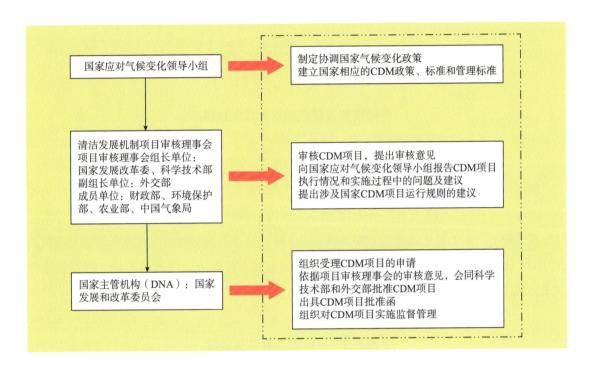

中国 CDM 专门机构管理体系

资料来源：《清洁发展机制项目运行管理办法》（修订）。

中国成立了清洁发展机制（CDM）专门管理机构。根据 2011 年 8 月发布实施的《清洁发展机制项目运行管理办法》（修订），中国负责管理 CDM 的机构主要有三个：国家应对气候变化领导小组、清洁发展机制项目审核理事会以及国家主管机构。

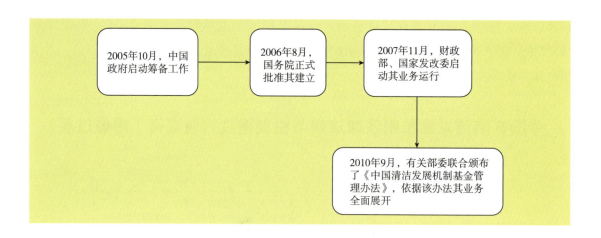

中国清洁发展机制基金成立过程

资料来源：中国清洁发展机制基金官网（http：//www.cdmfund.org）。

　　中国还成立了中国清洁发展机制基金。中国清洁发展机制基金是一个应对气候变化的基金，通过支持和促进国家应对气候变化工作，为中国经济社会又好又快地发展、为全球的可持续发展做出贡献。建立基金和开展基金业务工作，是符合应对气候变化国际清洁发展机制（CDM）合作本质的一个创新，把CDM合作对国家和全球可持续发展的贡献，以可持续的方式，从项目层面升级和放大到国家层面。

中国关于 CDM 的主要法律法规

年份	文件名称	相关内容
2004	《清洁发展机制项目运行管理暂行办法》	对清洁发展机制项目活动的各个方面做了有效的法律规定
2006	《CDM 项目申报审批流程》	将 CDM 项目申报审批分为项目开发、向 NDRC 申请、专家评估、国家 CDM 项目审核理事会会议、决策、批准书六步，详细介绍申报审批流程
2008	《清洁发展机制项目申请相关文件》	详细介绍清洁发展机制项目申请所需的材料目录，说明项目申请的相关文件下载
2009	《财政部、国家税务总局关于中国清洁发展机制基金及清洁发展机制项目实施企业有关企业所得税政策问题的通知》	对 CDM 项目征收的所得税进行详细的规定

续表

年份	文件名称	相关内容
2010	《可再生能源法》	包括总则、资源调查与发展规划、产业指导与技术支持、推广与应用、价格管理与费用分摊、经济激励与监督措施、法律责任、附则 8 章 33 条，同时提到了对有关行业的奖励机制
2010	《中国清洁发展机制基金管理方法》	明确了中国清洁发展机制基金的治理框架、资金来源和使用方法等内容，是中国清洁基金管理运行的根本指南
2011	《清洁发展机制项目运行管理方法》	国内进行 CDM 项目开发和行政管理的依据和基本制度，包括总则、管理体制、申请和实施程序、法律责任、附则 5 章 39 条，同时附有可直接向国家发展改革委提交清洁发展机制项目申请的中央企业名单
2012	《清洁生产促进法》	包括总则、清洁生产的推行、清洁生产的实施、鼓励措施、法律责任、附则 6 章 40 条，内容涉及对有关行业的奖励机制
2012	《关于 2012 年全国节能宣传周活动安排的通知》	国家发展改革委等 14 部门联合举办主题为"节能低碳，绿色发展"的全国节能宣传周活动
2012	《温室气体自愿减排交易管理暂行办法》	保障自愿减排交易活动有序开展，调动全社会自觉参与碳减排活动的积极性，为逐步建立总量控制下的碳排放权交易市场积累经验，奠定技术和规则基础

　　为了更好地规制 CDM 的发展，中国还制定了一系列 CDM 相关的法律法规，营造了良好的法律环境。而且，除国家发布了一系列有关 CDM 的法律法规外，多个省级自治区政府也发布了一些规章条例以促进 CDM 在地方的发展。

中国清洁发展机制项目的发展状况如何？在世界范围内处于什么位置？

　　中国目前已成为世界上最主要的 CDM 项目东道国，从 2005 年中国成功注册了第一个 CDM 项目——内蒙古辉腾锡勒风电场以来，中国的 CDM 市场快速发展。截至 2018 年 8 月 31 日，在联合国 CDM 执行理事会（EB）成功注册的中国 CDM 项目达到 3764 个。目前，中国在全球 CDM 项目中三项指标位列第一：已注册项目数量、已注册成功项目的 CERs 数量（已注册项目一年取得的减排量）、各国获得已签发 CERs 的数量（已批准的减排量）。

第五章

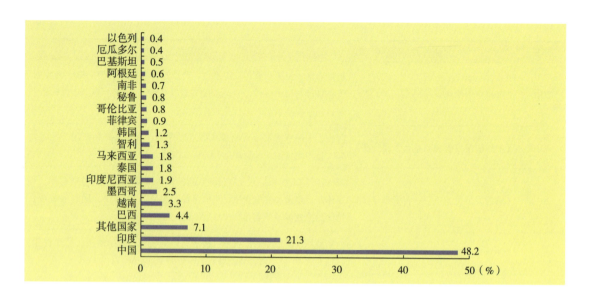

CDM 注册成功项目的国家分布

资料来源：EB 网站，数据截至 2018 年 8 月 31 日。

　　据 EB 网站统计，截至 2018 年 8 月 31 日，中国成功注册项目占东道国注册项目总数的 48.2%。排名世界第二位的印度的已注册 CDM 项目不足中国的一半。

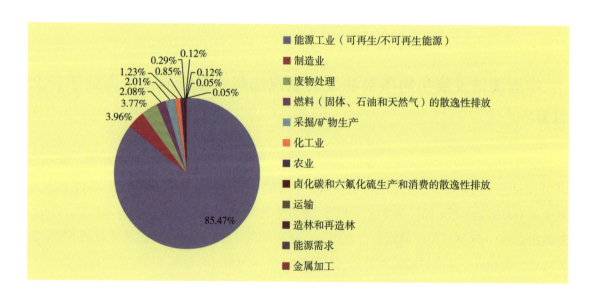

中国已注册成功的 CDM 项目的部门分布

资料来源：UNFCCC，数据截至 2018 年 8 月 13 日。

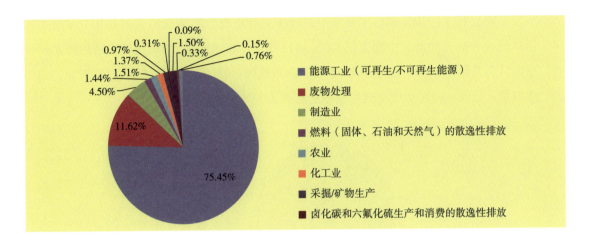

世界已注册成功的 CDM 项目的部门分布

资料来源：UNFCCC，数据截至 2018 年 8 月 13 日。

　　从已注册 CDM 项目所在部门的分布来看，无论是中国还是世界范围内，能源工业（可再生/不可再生能源）已注册的 CDM 项目占有绝对数量优势。这主要是因为能源工业基本上是高耗能产业。截至 2018 年 8 月 31 日，能源工业的 CDM 项目数分别占中国和全球 CDM 项目数的 85% 和 75%。但是，不管是在中国还是世界范围内，能源工业 CDM 项目的减排量都没有占绝对优势。目前中国的 CERs 很大一部分来自非二氧化碳、非甲烷气体减排项目，而来自提高能源效率、发展新能源和可再生能源及回收利用甲烷和煤层气项目的 CERs 比较少。

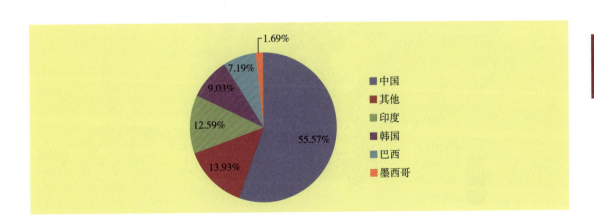

世界已签发 CDM 项目的国家分布

资料来源：EB 网站，数据截至 2018 年 8 月 31 日。

第五章

从签发量上来说，CDM 项目主要集中在经济实力和政治影响较为突出的几个发展中大国，而其他较为贫穷的发展中国家的 CDM 项目较少，难以通过 CDM 获得先进的技术和设备。中国目前共获得 10.85 亿吨 CERs 签发，占东道国 CDM 项目签发总量的 55.57%，而中国、墨西哥、巴西、韩国和印度的签发总量占到了世界的 86.07%。

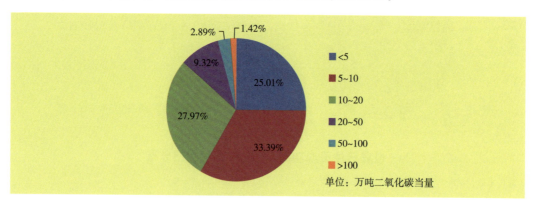

中国 CDM 项目估计年减排量的分布

资料来源：UNFCCC，数据截至 2018 年 8 月 13 日。

中国 CDM 签发项目的年减排量有限。据调查，中国 94% 的 CDM 项目估计年减排量都小于 50 万吨二氧化碳当量，大于 100 万吨二氧化碳当量的数目仅有 1.42%。

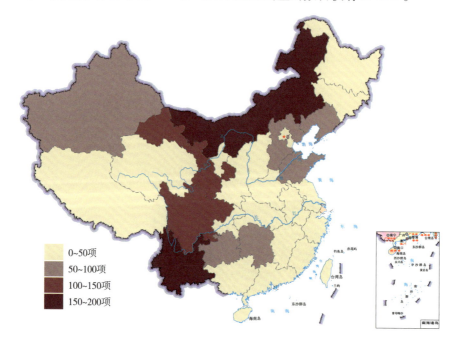

中国 CDM 项目的区域数量分布

资料来源：中国清洁发展机制网，数据截至 2017 年 8 月 31 日。

中国CDM签发项目数量的地区分布很不平衡。截至2017年8月31日，已获得CERs签发的全部CDM项目共1557项，其中，内蒙古、云南、四川和甘肃的CDM项目数均超过了100项。内蒙古获签发的CDM项目数居全国第一，为194项；云南紧随其后，达到了157项；其他CDM项目数比较多的省份有：四川（117项）、甘肃（108项）、河北（85项）和山东（71项）。相对而言，项目数比较少的省份主要包括北京（9项）、上海（6项）、天津（2项）、西藏（0项）。

中国近些年环境交易所的发展状况如何？

中国环境交易所主要发展历程

时间	主要内容
2008年7月16日	国家发改委决定成立碳交易所
2008年8月	北京环境交易所、上海环境能源交易所成立
2008年9月25日	天津排放权交易所成立
2009年8月5日	北京环境交易所达成国内自愿碳减排第一单交易——天平汽车保险以27.76万元的价格，成功购买奥运期间北京绿色出行活动产生的8026吨碳减排指标，用于抵消该公司自2004年成立以来至2008年底运营过程中产生的碳排放
2011年11月	财政部清洁发展机制基金管理中心正式入股上海环境能源交易所，与英达国际控股集团有限公司、上海联合产权交易所并列成为第一大股东，并完成了对上海环境所的改制，使其成为国内首家股份制环境交易所，也是资金规模最大的环境交易所
2013年11月28日	北京市碳排放权交易在北京市环境交易所成功开市。开市首日，总成交量达4.08万吨，成交额204.1万元
2014年6月25日	设于北京环境交易所的北京市碳排放权电子交易平台（www.bjets.com.cn）放出巨量交易，成交量和成交额分别创下中国七个碳交易试点单日成交量和成交额的最高纪录
2014年4月29日	北京环境交易所公布碳排放权交易规则配套细则（试行）
2014年1月8日	北京、天津、上海、重庆、广东、湖北、深圳、河北、山西、内蒙古、辽宁、四川、贵州、云南和青海等地的环境交易机构在北京共同发起成立"中国环境交易机构合作联盟"
2014年8月8日	国家外汇管理局正式批复同意境外投资者参与碳排放权交易，深圳碳市场成为全国首家向境外投资者开放的碳市场
2015年1月20日	北京环境交易所核证自愿减排量交易平台（www.ccer.com.cn）正式上线
2016年3月19日	国内首个"全国碳市场能力建设深圳中心"揭牌仪式在深圳排放权交易所（以下简称交易所）顺利举行
2017年2月	新疆维吾尔自治区吐鲁番市人民政府发布《关于同意设立吐鲁番碳排放权交易中心有限责任公司的批复》（吐政发〔2017〕14号），同意设立吐鲁番排放权交易中心有限责任公司。至此，我国碳排放交易所增加至30家

第五章

面对正在走来的低碳社会，中国开始用市场化机制推动节能减排，专业的环境权益交易机构如雨后春笋般涌现。在北京、上海、天津三家龙头环境交易所的带动下，广州、武汉、深圳、杭州、大连、昆明、河北、新疆、安徽等地的环境交易所相继成立；其他一些地区虽未设立专业的交易所，但也成立了环境权益交易平台。

中国的碳交易市场建设取得了哪些进展？

2012年3月	举行"北京市碳排放权交易试点启动仪式"，首批排放配额于年底前向企业（单位）免费发放，并在2013年正式启动碳排放权交易
2012年6月	印发《温室气体自愿减排交易管理暂行办法》（发改气候〔2012〕1668号），同年10月印发《温室气体自愿减排项目审定和核证指南》（发改办气候〔2012〕2862号），为自愿减排量交易市场搭建起了整体框架，对自愿减排量项目进行了系统规范
2013年11月	党的十八届三中全会通过《中共中央关于全面深化改革若干重大问题的决定》，建设全国碳市场成为全面深化改革的重要任务之一
2014年12月	颁布《碳排放权交易管理暂行办法》（国家发展和改革委员会令第17号），明确全国统一碳排放交易市场的基本框架
2015年9月	《中美元首气候变化联合声明》中正式宣布，将于2017年启动全国碳排放交易体系，覆盖钢铁、电力、化工、建材、造纸和有色金属六个重点工业行业
2016年8月	印发《关于构建绿色金融体系的指导意见》，强调要发展各类碳金融产品，促进建立全国统一的碳排放权交易市场和有国际影响的碳定价中心
2017年12月	印发《全国碳排放权交易市场建设方案（发电行业）》，标志着我国碳排放交易体系完成了总体设计，我国以发电行业为突破口的全国碳交易市场正式鸣锣开市

我国在碳交易市场建设方面的主要举措

2011 年 10 月，国家发改委决定在北京、天津、上海、重庆、湖北、广东及深圳七个省市开展碳排放权交易试点，以落实国家"十二五"规划关于逐步建立国内碳排放交易市场的要求，推动运用市场机制以较低成本实现 2020 年控制温室气体排放行动目标。这标志着中国的碳排放权交易试点工作进入实质化阶段。随后，北京、天津、上海等试点城市开始着手测算并确定本地区温室气体排放总量控制目标和指标分配方案，探索建立各地区碳排放权交易监管体系和交易平台。

2010 年 10 月，国务院发布《关于加快培育和发展战略性新兴产业的决定》（国发〔2010〕32 号），首次提出要建立和完善主要污染物和碳排放交易制度。目前，7 个碳市场全面运行，我国碳市场建设取得显著成效。

《全国碳排放权交易市场建设方案（发电行业）》内容要点

方案要点	主要内容
交易产品	初期交易产品为配额现货，条件成熟后增加符合交易规则的国家核证自愿减排量及其他交易产品
交易主体	初期交易主体为发电行业重点排放单位。条件成熟后，扩大至其他高耗能、高污染和资源性行业。适时增加符合交易规则的其他机构和个人参与交易
交易平台	建立全国统一、互联互通、监管严格的碳排放权交易系统，并纳入全国公共资源交易平台体系管理
参与主体	（1）重点排放单位 （2）监管机构 （3）核查机构
发电行业配额管理	（1）配额分配。发电行业配额按国务院发展改革部门会同能源部门制定的分配标准和方法进行分配（发电行业配额分配标准和方法另行制定） （2）配额清缴。发电行业重点排放单位需按年向所在省级、计划单列市应对气候变化主管部门提交与其当年实际碳排放量相等的配额，以完成其减排义务。其富余配额可向市场出售，不足部分需通过市场购买

2017 年 12 月 19 日，国家发改委印发《全国碳排放权交易市场建设方案（发电行业）》，标志着我国碳排放交易体系正式启动。

中国在低碳经济、低碳发展方面做出了哪些努力？

为实现 2020 年特别是"十三五"期间中国降低能源强度和碳强度的目标，推动绿色低碳发展，中国政府及公众积极行动，具有中国特色的低碳模式正在探索中逐步发展。

目前，国家发改委三次发布低碳省区和低碳试点的相关文件，分别于 2010 年 7 月 10 日发布《关于开展低碳省区和低碳城市试点工作的通知》，确定首先在广东、辽宁、湖北、陕西、云南五省和天津、重庆、深圳、厦门、杭州、南昌、贵阳、保定八市开展低碳试点工作；2012 年 11 月 26 日下发《国家发展改革委关于开展第二批低碳省区和低碳城市试点工作的通知》，确立了包括北京、上海、海南和石家庄等 29 个城市和省区成为我国第二批低碳试点；2017 年 1 月 7 日发布《关于开展第三批国家低碳城市试点工作的通知》，确定在内蒙古自治区乌海市等 45 个城市（区、县）开展第三批低碳城市试点。

中国低碳省区和低碳城市试点

	低碳省区	低碳城市
首批低碳试点省区和城市	广东、辽宁、湖北、陕西、云南	天津、重庆、深圳、厦门、杭州、南昌、贵阳、保定
第二批低碳试点省区和城市	海南	北京、上海、石家庄、秦皇岛、晋城、呼伦贝尔、吉林、大兴安岭地区、苏州、淮安、镇江、宁波、温州、池州、南平、景德镇、赣州、青岛、济源、武汉、广州、桂林、广元市、遵义、昆明、延安、金昌、乌鲁木齐
第三批低碳试点省区和城市	—	乌海、沈阳、大连、朝阳、逊克、南京、常州、嘉兴、金华、衢州、合肥、淮北、黄山、六安、宣城、三明、共青城市、吉安、抚州、济南、烟台、潍坊、长阳土家族自治县、长沙、株洲、湘潭、郴州、中山市、柳州、三亚、琼中黎族苗族自治县、成都、玉溪、普洱市思茅区、拉萨、安康、兰州、敦煌、西宁、银川、吴忠、昌吉、伊宁、和田、第一师阿拉尔市

资料来源：《关于开展第三批国家低碳城市试点工作的通知》。

2017 年 1 月 7 日，国家发改委发布《关于开展第三批国家低碳城市试点工作的通知》，至此，我国已确定了 6 个省区低碳试点、81 个低碳试点城市，至今大陆 31 个省市自治区当中每个地区至少有一个低碳试点城市。低碳试点已经在全国全面铺开。

中国在碳排放统计核算和低碳能力建设方面开展了哪些工作？

加强温室气体统计核算体系建设

措施	具体实施情况
健全温室气体排放基础统计工作	继续落实《关于加强应对气候变化统计工作的意见》，2017 年，单位 GDP 二氧化碳排放下降率首次纳入《中华人民共和国 2017 年国民经济和社会发展统计公报》，国家统计局将单位 GDP 二氧化碳排放下降率纳入《绿色发展指标体系》，27 省（区、市）统计部门配备专职人员负责应对气候变化相关统计核算工作

续表

措施	具体实施情况
推进温室气体清单编制和排放核算	初步编制完成第三次气候变化国家信息通报和第二次两年更新报告。31 省（区、市）完成 2012 年和 2014 年省级温室气体清单的编制工作，14 个地区编制了其他年度的省级清单
推动企业温室气体排放数据直报系统建设	初步建成企业温室气体排放直报系统，全国 28 个省（区、市）建设完成省级企业温室气体数据报送系统，其中 17 个地区的省级报送系统已投入使用

资料来源：《中国应对气候变化的政策与行动——2018 年度报告》。

2016 年以来，中国政府进一步加强统计核算体系建设，加强低碳技术研发与应用，积极推动人才和学科建设，应对气候变化基础能力获得较大提升。

开展试点示范
- 深入推进低碳省区和城市试点，目前低碳省市试点总数达到 87 个
- 2017 年以来共有 22 个省（区、市）开展 400 多个低碳社区试点，其中，多数省编制了低碳社区试点实施工作方案
- 确定内蒙古自治区呼和浩特市等 28 个地区为气候适应型城市建设试点
- 大型能源企业继续开展碳捕集、利用与封存技术研究和试点示范等

地方应对气候变化行动
- 浙江、湖南、云南均发布低碳相关发展规划
- 北京、上海、天津、重庆、甘肃等省（市），21 个第一批和第二批低碳试点省市，45 个第三批低碳试点城市均提出碳排放达峰目标
- 31 个省（区、市）在全面完成 2005 年和 2010 年度温室气体清单编制和验收工作的基础上，陆续开展 2012 年和 2014 年的温室气体清单编制工作

行业低碳行动
- 工业行业：工业和信息化部发布《工业绿色发展规划（2016~2020 年）》
- 交通行业：交通运输部印发《交通运输行业"十三五"控制温室气体排放工作实施方案》和《交通运输节能减排 2017 年工作要点》
- 建筑行业：住房和城乡建设部印发《建筑业发展"十三五"规划》，国务院印发《关于进一步加强城市规划建设管理工作的若干意见》

我国低碳能力建设相关举措

资料来源：《中国应对气候变化的政策与行动——2017 年度报告》《中国应对气候变化的政策与行动——2018 年度报告》。

第五章

2016 年以来，国家低碳省市试点继续深化，低碳工业园区、低碳社区、低碳城（镇）等试点工作扎实推进，各地区以及工业、建筑、交通等行业也从不同层次、不同方面积极探索各具特色的低碳发展路径和模式，全社会应对气候变化和低碳发展意识不断提高。

2016～2018 年国家各机构的主要低碳研究进展

年份	政府机构	主要研究
2016	国家能源局	发布《煤炭安全绿色开发和清洁高效利用先进技术与装备拟推荐目录（第一批）》
2016	科技部	设立"巴黎会议后应对气候变化急迫重大问题研究"项目
2016	中国气象局	向 IPCC 推荐《全球 1.5℃增暖》《气候变化中的海洋和冰冻圈》《气候变化与土地》三份特别报告
2017	交通运输部、财政部	联合发布靠港船舶使用岸电设施设备补助政策、技术指南
2017	交通运输部	继续开展交通运输节能减排技术筛选及推广工作
2017	科技部、环境保护部、中国气象局	联合制定并发布《应对气候变化领域"十三五"科技创新专项规划》
2017	国家发改委	发布《国家重点节能低碳技术推广目录（2017 年本，低碳部分）》
2018	国家发改委	发布《国家重点节能低碳技术推广目录（2017 年本，节能部分）》
2018	国务院	发布《国务院关于全面加强基础科学研究的若干意见》
2018	科技部、中科院、中国气象局、工程院、外交部、国家发展改革委、教育部	启动编制《第四次气候变化国家评估报告》

资料来源：《中国应对气候变化的政策与行动——2017 年度报告》《中国应对气候变化的政策与行动——2018 年度报告》。

为加快低碳技术研发、应用及推广，国家各政府机构积极开展科学研究，各种低碳项目及示范工程也正在大规模开展。

中国在引导社会公众践行低碳生活方式方面主要开展了哪些工作？

中国经济导报社等媒体举办"泰达工业低碳发展"主题活动

中国新闻社《中国新闻周刊》主办第八届、第九届"低碳发展·绿色生活"公益展

中国经济导报社主办2017年"全国低碳日"招贴画征集大赛，中国新闻周刊主办2018年"全国低碳日"招贴画大赛

人民网、新华网、中国网、中央电视台等20多家国内知名媒体参加气候变化绿皮书——《应对气候变化报告（2017）：坚定推动落实〈巴黎协定〉》发布会

新华社、人民日报等8家中央媒体，《中国工业报》《中国能源报》等4家行业媒体，新华网、人民网等15家网络媒体，新闻频道等7家市级媒体等众多媒体参加2017国际低碳（镇江）大会新闻发布会

2017~2018 年中国媒体低碳大事记

各大新闻媒体积极利用形式多样的方式，围绕气候变化、绿色发展、低碳发展等主题，开展了丰富多彩的宣传报道活动，使社会公众逐渐接受低碳生活理念。

中国公众近些年开展的主要低碳活动

第五章

中国公众踊跃参与应对气候变化的活动，逐渐将低碳理念贯彻到生活的方方面面，积极进行低碳出行、低碳旅游、低碳饮食等低排放的生活方式。尤其是"十二五"以来，在媒体的宣传和政府的引导下，越来越多的公众意识到低碳生活的重要性，各种公众参与活动相继开展，公众对于绿色出行、低碳办公、能源节约、环境保护的社会意识明显提升。

近几年中国部分非政府组织的低碳行动

组织名称	低碳行动
中国低碳联盟	组织开展低碳企业及人物征集评选活动，营造全民关注低碳、践行低碳的良好社会氛围
《北京日报》	主办了"绿色北京·低碳出行"大型环保倡议活动
中华环保联合会	与北京人民广播电台联合录制了"倡导低碳生活，宣传节能减排"的广播节目。面向全国发起"守护蓝天碧水"的倡议活动
中国国际民间组织合作促进会、广州公益组织发展合作促进会、石家庄低碳协会	合作开展全国中学教师应对气候变化培训
世界自然基金会	发起"地球一小时"倡议，国内多个城市积极参与，通过熄灯一小时来表达对环境问题的关注
气候组织、"爱回收"组织	共同发起"减法生活行动"，鼓励公众以环保的方式积极处理闲置或废弃的电子产品，高效、循环地使用资源
新华社、光明网、中国天气网、中国气象报	参与 2018 年"中国天气·低碳经济——共建美丽中国"联合行动倡议，响应"建设美丽中国"的号召

资料来源：《中国应对气候变化的政策与行动——2017 年度报告》《中国应对气候变化的政策与行动——2018 年度报告》。

中国的低碳发展离不开非政府组织的积极行动，随着中国对低碳发展重视程度的提高，越来越多的非政府组织开始投入节能减排活动中。

中国近些年在低碳国际合作方面做出了哪些贡献？

近些年中国参加的国际气候会议及其积极贡献

年份	会议名称	会议贡献
2013	联合国气候变化大会华沙会议	积极参与各个议题的谈判，代表由中国、印度、巴西和南非组成的"基础四国"提出促成大会成功的四点建议，包括加大落实以往承诺的力度；在建立政治互信的基础上，尽快开启德班平台的谈判；各国要在减排、适应、资金、技术和透明度等关键问题上取得平衡结果；按德班平台要求，全球应对气候变化新协议——德班增强行动平台新协议应有约束力。但鉴于目前对约束力的形式还有分歧，建议先谈协议的内容，再根据内容确定相应的形式
2014	联合国气候峰会	国务院副总理张高丽作为习近平主席特使出席联合国气候峰会并发表重要讲话，介绍中国应对气候变化行动目标并就2020年后应对气候变化行动做出政治宣示
2015	巴黎联合国气候变化大会	向大会提交为应对气候变化的国家自主贡献文件并全面阐述全球气候治理中国方案。大会期间，与主要国家保持密切协商，就减排长期目标、资金、透明度等谈判中的关键问题，以中美、中欧、中法、中印和中巴等气候变化联合声明为基础，寻找可能被各方接受的方案，促进了不同集团阵营的互信与共识
2016	马拉喀什联合国气候变化大会	中方将继续遵循公约的原则和规定，按照"共同但有区别的责任"原则、公平原则和各自能力原则，遵循多边议事规则，全力支持主席国摩洛哥的工作，推动马拉喀什会议取得圆满成功。中方在大会期间组织17场边会，涉及南南合作、国家自主贡献、低碳发展战略等。这些活动将强调国际交流，邀请国际嘉宾参与讨论，向世界讲好中国故事
2017	联合国气候变化波恩会议	大会重点完成三方面的工作：进一步推进关于落实《巴黎协定》相关模式、程序和导则的后续谈判；为2018年举行的促进性对话做好准备；继续加强2020年前承诺和行动的有效落实。我国与各方共同努力，推动波恩会议按照公开透明、广泛参与、协商一致和缔约方驱动的原则取得圆满成功

资料来源：《中国应对气候变化的政策与行动——2016年度报告》《中国应对气候变化的政策与行动——2017年度报告》《中国应对气候变化的政策与行动——2018年度报告》

　　中国坚持《联合国气候变化框架公约》和《京都议定书》的双轨谈判机制，坚持缔约方主导、公开透明、广泛参与和协商一致的规则，坚持"共同但有区别的责任"原则，积极参与各种国际气候谈判，加强与国际各方的沟通交流，促进各方凝聚共识，为最终决议做出了积极有效的贡献。

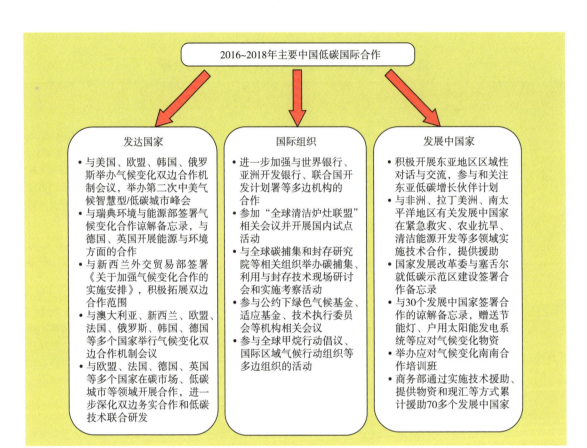

中国主要低碳国际合作行动

资料来源：《中国应对气候变化的政策与行动——2016 年度报告》《中国应对气候变化的政策与行动——2017 年度报告》《中国应对气候变化的政策与行动——2018 年度报告》。

"十三五"以来，中国进一步加强低碳国际合作交流，各种形式的低碳国际合作逐渐展开。此外，中国秉承"加强务实合作、实现互利共赢"的原则，积极参加和推动与世界各国、各机构的务实合作；通过与各国政府、组织和机构的交流，推动世界各国共同采取行动，开创全球生态、环保、低碳领域合作的新局面。

中国近些年其他能源相关污染物有什么变化趋势？

化石燃料的使用造成了温室效应、酸雨、烟粉尘等环境问题。作为支持生产生活的主要能源，使用化石燃料不仅排放二氧化碳等温室气体，而且排放的二氧化硫和氮氧化物在高空中被雨雪溶解形成酸雨，对土壤、建筑材料等造成严重破坏。化石能源的使用过程产生大量的烟粉尘，在生活和工作中，烟粉尘作为人类健康的天敌，是诱发多种疾病的主要原因。可吸入颗粒物作为烟粉尘中重要的一类，不仅影响人体健康，也是造成大气污染、降低大气能见度的重要原因。

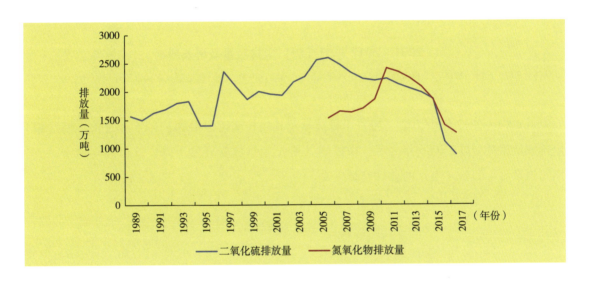

1989～2017 年中国二氧化硫及氮氧化物排放量

资料来源：1989～2015 年数据来自历年《中国环境统计年鉴》；2016～2017 年数据来自国家统计局。

"十一五"期间，《国家环境保护"十一五"规划》要求对二氧化硫进行总量控制，从1989～2017 年中国二氧化硫排放量可以看出，二氧化硫排放在 2006 年达到最高，之后逐年下降，二氧化硫治理措施起到一定效果。中国从 2006 年开始统计氮氧化物排放量，可以看出，氮氧化物排放从 2006 年持续升高，在 2011 年达到最高，之后逐年下降。

第五章

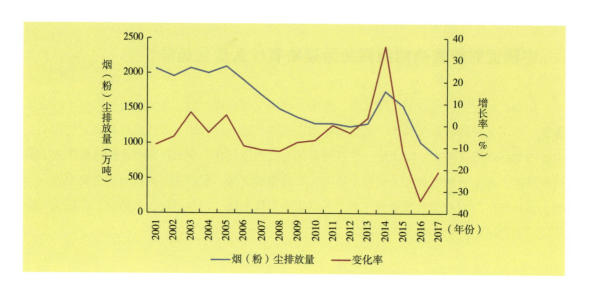

2001～2017 年烟（粉）尘排放量及增长率

资料来源：2001～2015 年数据来自历年《中国环境统计年鉴》；2016～2017 年数据来自国家统计局。

从 2001～2017 年中国烟（粉）尘排放量及其增长率可以看到，2005 年之前，烟（粉）尘排放量相对平缓；2005 年之后，中国烟（粉）尘排放量开始下降，这可能与"十一五"期间国家对于烟粉（尘）的总量控制相关。

中国能源安全的形势与展望

　　1974 年，受石油危机影响较大的国家联合成立了国际能源署（IEA），正式提出了以稳定原油供应和价格为核心的国家能源安全概念。随着时代发展、国际环境变化和自身经济建设的需要，中国对能源的需求来源逐渐从自给自足转变为依赖进口。国家统计局数据显示，2017 年中国首次成为全球最大的石油进口国；2018 年中国首次成为全球最大的天然气进口国。值得注意的是，2018 年中国石油对外依存度升至 69.8%，天然气对外依存度升至 45.3%[①]。因此，能源安全已成为中国经济安全的重要方面。

---

① 资料来源：《2018 年国内外油气行业发展报告》。

中国目前能源安全的主要问题有哪些？

能源安全可概括为满足国家经济发展需求的可靠的、买得起的、持续的能源供应，同时能源的生产和使用不会破坏生态环境的可持续发展。

中国是当今世界上少数能源结构以煤炭为基础的国家之一，随着经济社会的可持续发展，要求中国能源消费结构逐步清洁化。然而，受国内石油、天然气生产能力的制约，国内经济发展对进口石油、天然气的依赖程度越来越高。此外，中国传统油气供应与合作区的地缘政治形势不断恶化、高效清洁能源比例偏低、外汇储备压力巨大等都是能源安全问题的重要体现。

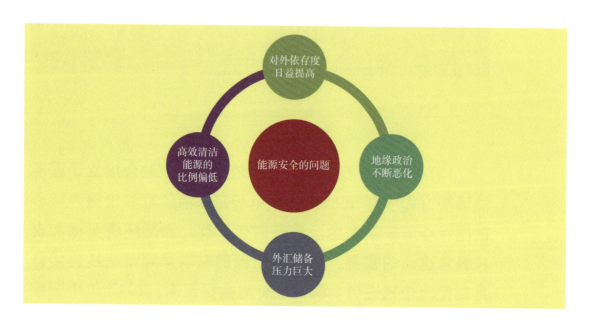

中国能源安全的主要问题

中国的能源进出口状况及其变化趋势如何？

1995 年之前，中国一次能源生产量和能源消费总量保持相对同步的增长速率与变化趋势，一次能源生产量略大于能源消费总量。1995 年，中国能源消费总量首次超过一次能源生产量，随后两者差距逐步拉大，2004 年后这种差距明显扩大。2018 年，中国一次能源生产量为 37.0 亿吨标准煤，能源消费总量则达到 46.4 亿吨标准煤。

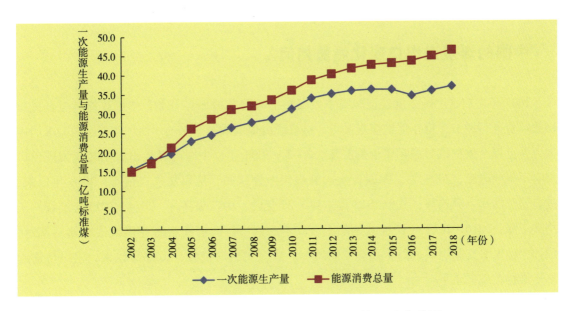

2002～2018 年中国一次能源生产量与能源消费总量

资料来源：国家统计局、国家能源局。

从中国综合能源进出口的发展趋势看，2002 年以后，中国对能源的进口量不断扩大，而能源出口相对平稳，能源对外依存度不断提升。其中，2016 年能源进口量较 2015 年增长幅度较大，增幅达到 15.9%。

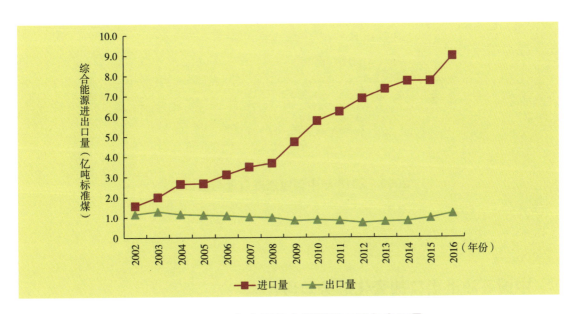

2002～2016 年中国综合能源进口量与出口量

资料来源：国家统计局。

中国的煤炭进出口变化趋势如何？

2003 年之前，中国一度是全球第二大煤炭出口国。2006 年开始，中国政府对煤炭进口相关税费进行调节，旨在促进煤炭进口、缓解国内煤炭供需紧张的局面。随着国内需求的增加以及世界金融危机对国际煤价的打压，2007~2008 年，中国由煤炭出口国转变为进出口基本平衡的国家，2009 年，中国首次成为煤炭净进口国。从煤炭进口量看，2010 年以来，进口量总体呈上升趋势，其中 2013 年达到 3.27 亿吨，为历史高位，2014~2015 年连续两年持续下降，2016~2017 年又连续两年上升。考虑到中国政府积极筹建煤炭战略储备基地，预计中国未来几年煤炭进口量还会不断增加。从煤炭出口量看，2010 年以来，出口量连续多年维持在较低水平。

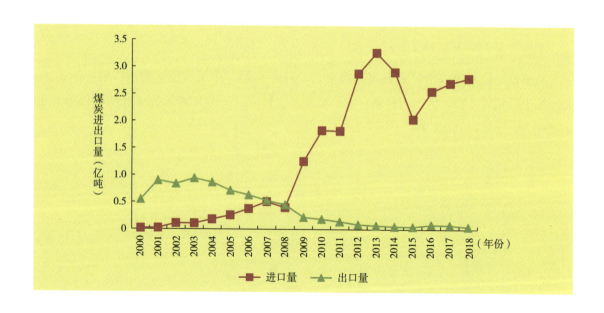

2000~2018 年中国煤炭进口量与出口量

资料来源：国家统计局、海关总署。

中国石油进出口的变化趋势如何？

1993 年之前，中国石油处于供大于求的阶段。1993 年，中国石油消费量首次超过生产量，中国成为石油净进口国。此后，中国石油生产量基本稳定，但消费量持续快速攀升，石油供需缺口不断扩大，石油对外依存度一路走高。2009年，原油对外依存度达到51.3%，突破了50%的警戒线。2018年，石油表观消费量达到6.25亿吨，国内产量则降至1.89亿吨，连续第3年低于2亿吨，石油对外依存度升至69.8%。

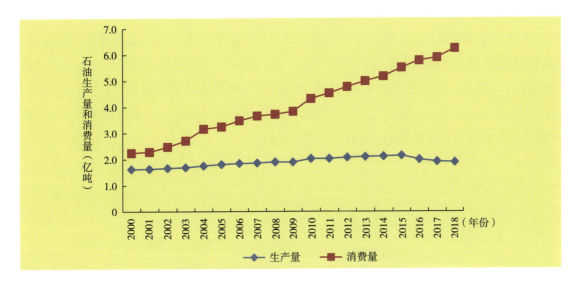

2000~2018年中国石油生产量与消费量

资料来源：国家统计局、国家发改委、《2018年国内外油气行业发展报告》。

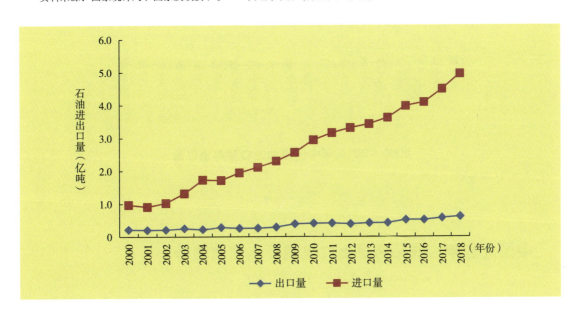

2000~2018年中国石油进口量与出口量

资料来源：国家统计局、海关总署。

中国近些年的原油进出口呈现什么变化趋势？

　　1995 年之前，国内原油生产基本能够满足原油消费，当时还有多余的原油以供出口。1995 年后，中国原油消费量开始迅速提升，而国内有限的原油供应无法满足这种需求。自此，由消费拉动原油进口上升成为中国原油进出口贸易的基本形势，直至现在。2016 年，国内原油年产量首次跌破 2 亿吨，2016～2018 年，国内原油年产量出现了三连跌，年产量分别为 1.99 亿吨、1.91 亿吨和 1.89 亿吨。2009 年，中国原油对外依存度首次超过 50%，随后加快提升。2018 年，国内三大石油公司均加大勘探开发力度，力求遏制国内原油下降势头，但我国原油对外依存度较高的局面存在长期性。

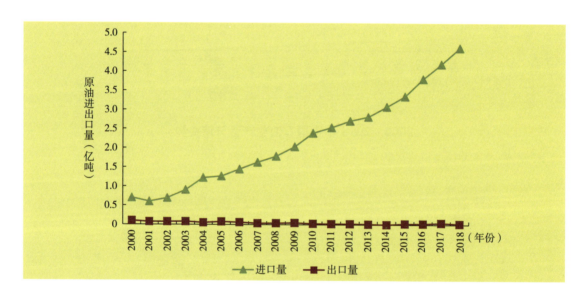

2000～2018 年中国原油进口量与出口量

资料来源：国家统计局、海关总署。

中国近些年的成品油进出口呈现什么变化趋势？

　　随着中国城镇化、工业化进程的加速，成品油在中国的消费需求与日俱增。柴油是成品油消费的主要品种之一。多年来，中国的柴油生产消费以较快速度增长，但国内生产基本能够满足消费，2018年，柴油生产量略低于消费量。

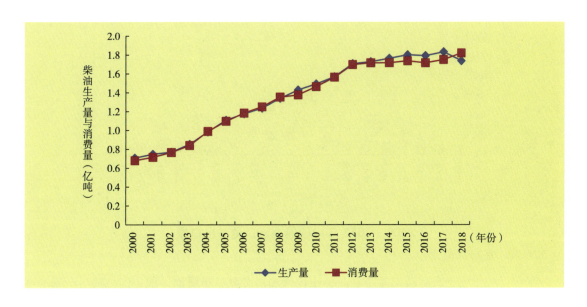

2000～2018年中国柴油生产量与消费量

资料来源：国家统计局、国家发改委。

中国的柴油进出口量一直维持在较低水平，但各年进口量变化较大。柴油出口量自2009年有所上升并保持了相对高位；2011年，由于国内电力短缺造成柴油需求上升，中国政府一度暂停柴油出口、增加进口以应对这种局面。2012年，由于国内供应较为充足，同时国家也加强了对成品油出口的管理，柴油进、出口均出现下降，出口略高于进口。2012～2018年，中国独立炼油厂冶炼能力增长迅速，挤占了国有石油公司一大块市场份额，国有石油公司为减小库存压力，加大了柴油出口，年均增速达到44.2%。

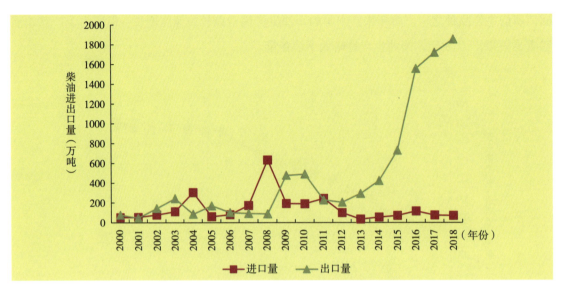

2000～2018 年中国柴油进口量与出口量

资料来源：国家统计局、海关总署。

尽管近些年由于家庭轿车逐步普及，中国汽油消费量稳步增加，但中国汽油生产基本可以满足国内消费。中国汽油生产量和消费量大致相当，生产量略大于消费量，并且都保持着稳定的增长趋势。2017～2018 年，汽油生产量略低于消费量。

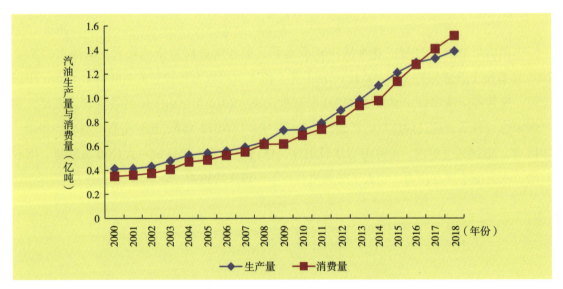

2000～2018 年中国汽油生产量与消费量

资料来源：国家统计局、国家发改委。

中国对外出口一定数量的汽油，也往往进口少量汽油（有的年份不进口）；出口量一般明显超过进口量。

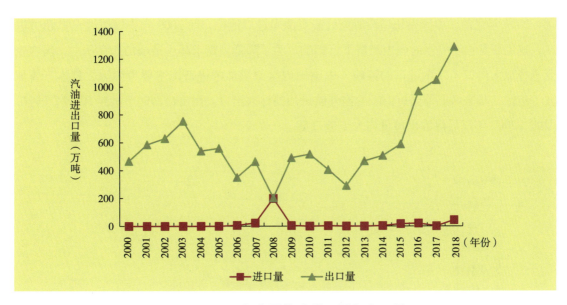

2000～2018年中国汽油进口量与出口量

资料来源：国家统计局、海关总署。

煤油是航空运输的主要燃料，约有95%的煤油产量供应航空运输。随着国民经济的发展，国内外合作交流的增多促进了中国航空业的腾飞，同时带动航空煤油的消费也逐年增加，但中国煤油的生产量基本上能满足消费需要，2011～2018年，煤油生产量均大于消费量，且盈余量逐步扩大。

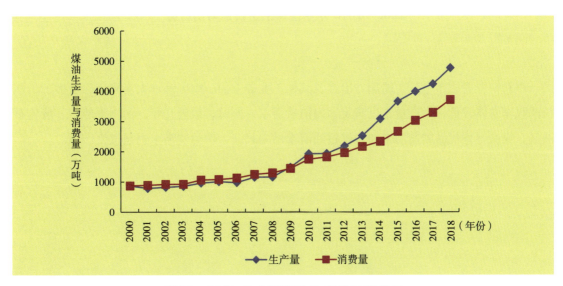

2000～2018年中国煤油生产量与消费量

资料来源：国家统计局、国家发改委。

第六章

　　2009 年之前，中国很长一段时期处于煤油净进口地位，而 2009 年中国煤油出口超过进口，这主要是由于受当时国内经济下行影响，为了降低由需求减少造成的库存压力，国内企业选择加大出口、减少进口的策略。中国国内航空煤油的进口国主要为韩国、日本、新加坡、泰国、马来西亚等国；由于给国外航班加油计入出口，而出口面向全世界 50 多个国家，因此，2009 年以后煤油出口量均大于进口量。

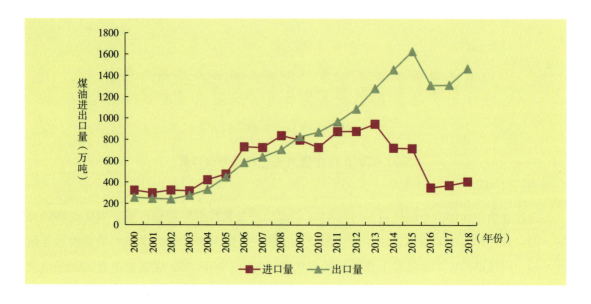

2000～2018 年中国煤油进口量与出口量

资料来源：国家统计局、海关总署。

　　燃料油主要用于电厂、船舶、冶金及其他工业等方面。中国炼油大多采用深度加工，燃料油收率总体较低，生产量难以满足国内消费需求。同时，最近几年，由于天然气、液化石油气、煤炭等替代品的使用增加，燃料油需求增幅趋缓，但消费需求仍超过生产量。

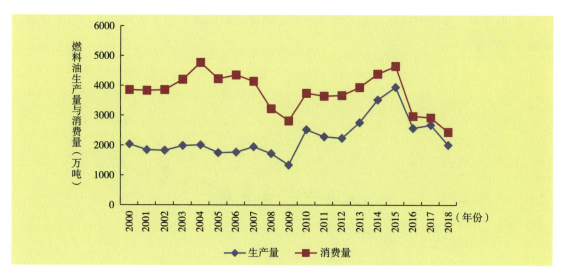

2000～2018年中国燃料油生产量与消费量

资料来源：国家统计局、国家发改委。

由于国产燃料油产量难以满足需求，2004～2013年燃料油一直是中国除原油以外进口量最大的石油产品。2004年，中国燃料油进口量突破3000万吨大关；随后由于国内产量增加和需求萎缩，对外依存度有所下降但仍保持较高水平。2017年，中国燃料油对外依存度降至8.7%，为近年来最低水平。中国的燃料油进口国主要为新加坡、韩国、俄罗斯、委内瑞拉、日本和马来西亚。

2000～2018年中国燃料油进口量与出口量

资料来源：国家统计局、海关总署。

第六章

近30年来，中国的液化石油气的生产量与消费量都保持了稳步增加态势，但消费量一直高于生产量。

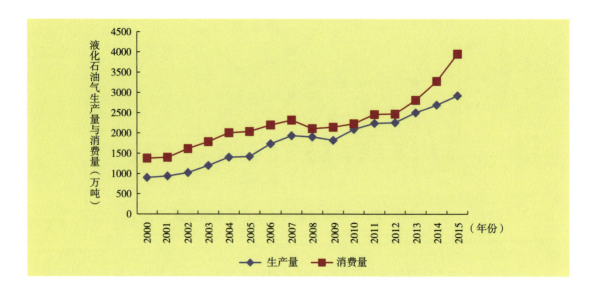

2000～2015年中国液化石油气生产量与消费量①

资料来源：国家统计局。

自1990年以来，中国一直是液化石油气的净进口国。由于西气东输项目的投产和液化石油气价格的逐年上涨，造成中国的液化石油气在2005年之后几年出现进口下降，直至2008年受金融危机影响国际液化石油气价格下行，国内的进口量开始止跌反弹，2013～2015年，进口量增速明显加快。2005～2015年，液化石油气出口量相对较少且一直保持缓慢增长态势。2015年，中国的液化石油气对外依存度为27.8%。

---

① 2015年以后，国家统计局不再单独对液化石油气进行统计。

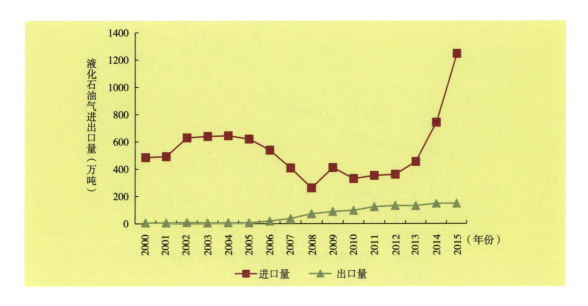

2000～2015 年中国液化石油气进口量与出口量①

资料来源：国家统计局。

中国的天然气对外依存度呈现什么变化趋势？

2006 年之前，中国的天然气生产量能够满足消费需求，两者保持基本平衡状态；但此后，国内对天然气的消费需求快速增长，导致消费量超过生产量，而且缺口越来越大。中国 2018 年天然气运行情况显示：天然气年生产量为 1610.2 亿立方米，而年消费量达到 2803.0 亿立方米，缺口达到 1192.8 亿立方米；2007～2018 年，中国天然气生产量增长了 132.6%，而消费量增长了 297.5%。

---

① 2015 年以后，海关总署不再单独对液化石油气进行统计。

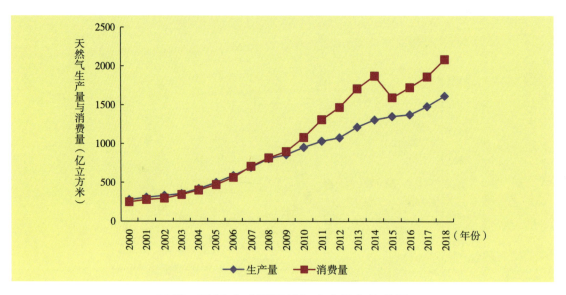

2000～2018 年中国天然气生产量与消费量

资料来源：国家统计局、国家发改委。

　　中国从 2006 年开始进口天然气，此后进口量持续攀升，而供需不平衡使中国对天然气出口比较谨慎，一直维持在相对较低水平。2007 年，中国的天然气进口量首次超过出口量，中国成为天然气净进口国。近几年，中国天然气净进口量不断扩大，对外依存度不断提高。2018 年，中国天然气对外依存度达到 45.3%。

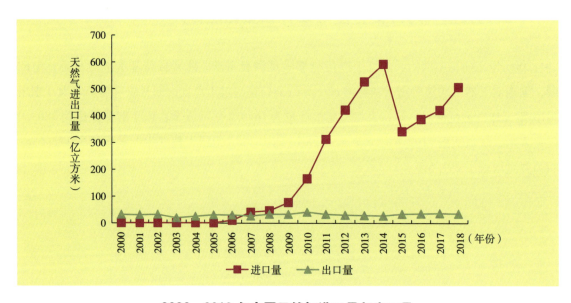

2000～2018 年中国天然气进口量与出口量

资料来源：国家统计局、海关总署。

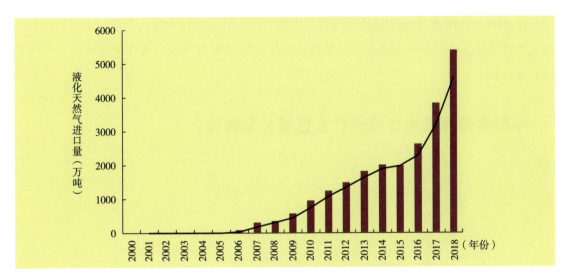

2000～2018 年中国液化天然气进口量

资料来源：海关总署。

中国液化天然气（LNG）接收站逐渐增多，液化天然气进口量和贮运能力显著增强。根据海关统计数据，2005 年，中国液化天然气进口量只有 483 吨，但 2006 年以后进口量不断攀升，2018 年液化天然气进口量是 2006 年的 78 倍，年均增长 43.8%。

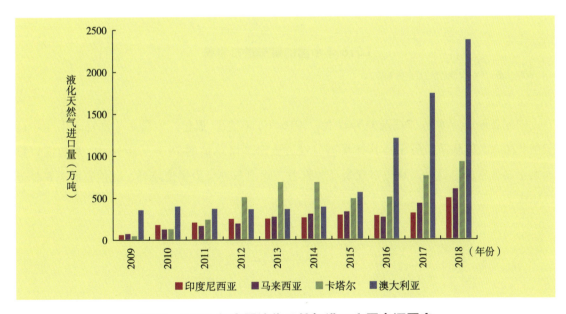

2009～2018 年中国液化天然气进口主要来源国家

资料来源：海关总署。

从 2009 ~ 2018 年中国液化天然气进口来源看，主要进口国为澳大利亚、卡塔尔、马来西亚和印度尼西亚。2009 ~ 2018 年，来自这四国的液化天然气进口量占中国液化天然气进口总量的 80%。

中国的能源进出口呈现什么区域分布特征？

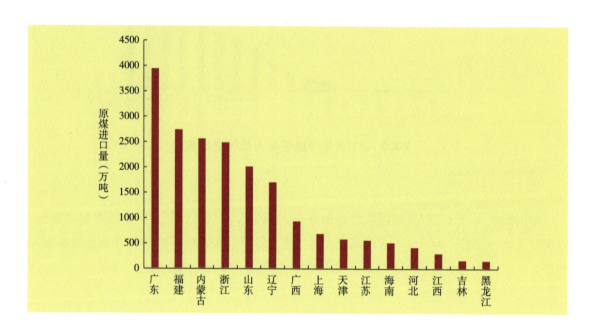

2016 年中国的煤炭进口省份

资料来源：《中国能源统计年鉴 2017》。

中国各地区煤炭进口情况差异较大。2016 年，广东、福建、内蒙古、浙江、山东、辽宁是我国六大煤炭进口省份，其煤炭进口量占全国进口总量的 78%。其中，广东的进口量远大于其他省份。此外，从进口煤炭品种来看，除山东进口少量型煤外，其他省份主要是进口原煤。

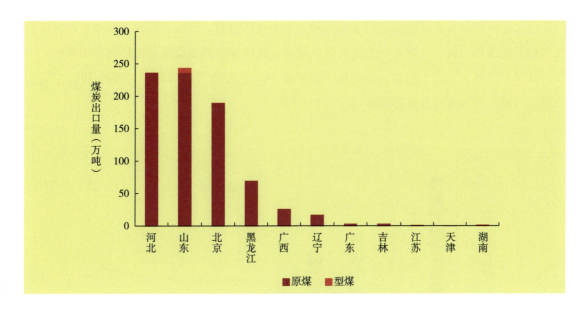

2016 年中国的煤炭出口省份

资料来源:《中国能源统计年鉴 2017》。

在煤炭出口方面,2016 年,河北、山东、北京是三大煤炭出口地区,它们的煤炭出口量占全国出口总量的 84%,而且以出口原煤为主。

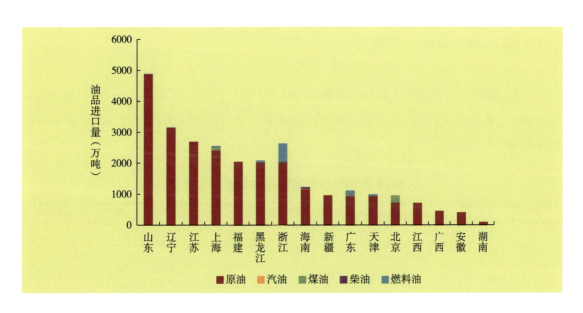

2016 年中国各类油品进口省份

资料来源:《中国能源统计年鉴 2017》。

第六章

油品是中国各类进口能源中的主要品种，主要包括原油、汽油、煤油、柴油、燃料油以及多种其他品种。其中，原油是主要的进口种类，其他种类的油品所占份额远小于原油。山东、辽宁、江苏、上海、福建、黑龙江、浙江是中国七大油品进口地区，2016 年，它们的油品进口量占全国进口总量的 75%。

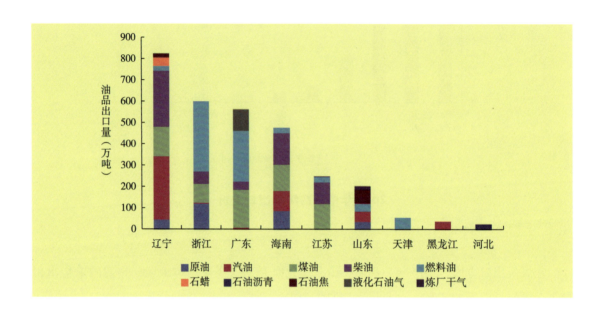

2016 年中国各类油品出口省份

资料来源：《中国能源统计年鉴 2017》。

原油、燃料油和汽油是主要的出口油品。辽宁、浙江、广东和海南的油品出口量远高于其他地区，成为中国主要的油品出口省份；2016 年，它们的油品出口量占全国油品出口总量的 81%。

2016 年中国部分能源品种的进口省份

地区	天然气（万立方米）	液化天然气（万吨）	电力（万千瓦）
辽宁	37.0	—	—
黑龙江	—	—	32.9
上海	34.4	—	—
江苏	—	231.0	—
广东	—	594.6	12.4
海南	—	20.8	—

续表

地区	天然气（万立方米）	液化天然气（万吨）	电力（万千瓦）
云南	—	—	14.0
新疆	334.9	—	—

资料来源：《中国能源统计年鉴2017》。

除了进口大量煤炭和油品之外，中国也进口其他多种能源产品，如天然气、液化天然气和电力产品等。其中，新疆、辽宁和上海是主要的天然气进口地区，广东、江苏和海南是液化天然气的主要进口省份，黑龙江、云南和广东是电力的主要进口省份。

中国也出口部分液化天然气和电力，其中，广东是电力和液化天然气出口的主要省份，内蒙古和云南是电力出口的主要省份。

中国能源进出口贸易的主要合作国家有哪些？

中国能源进出口贸易由来已久，自1863年首次从美、俄两国进口当时被称为"洋油"的煤油开始，中国拉开了能源贸易的序幕。

近代中国能源贸易的发展大事

年份	事件
1863~1963	受国内能源产能制约，石油消费主要依赖进口，能源贸易是单边的进口贸易
1963	大庆油田投产，国内石油消费得到了基本满足
1964~1972	国内石油产量增长迅速，但是西方国家对华贸易封锁，中国能源出口很有限
1972	美国尼克松总统访华，西方国家陆续解开对华的贸易封锁
1973~1990	中国大量出口煤炭、石油等资源，能源贸易由净进口转变为净出口
1993	经济持续快速增长对能源的需求不断上扬，再次成为成品油净进口国
1996	中国成为原油净进口国
2007	中国成为天然气净进口国
2009	中国成为煤炭净进口国，能源贸易再次转变为进口型贸易
2011	中国原油对外依存度超过55%，石油安全问题凸显
2012	中国光伏遭遇美欧"双反"，制造了全球最大贸易摩擦案
2014	中石油与俄罗斯天然气公司签署了《中俄东线供气购销合同》，协议期30年
2015	中国成为国际能源署联盟国，旨在开放的市场环境下保障国家能源安全
2018	中国石油、天然气对外依存度均再创历史新高，分别达到69.8%、45.3%

第六章

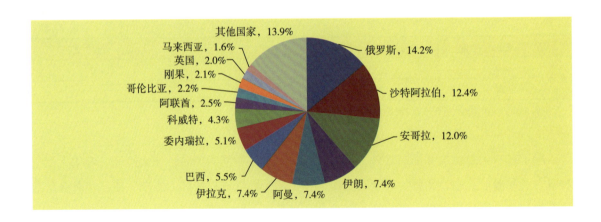

2017 年中国石油进口来源地区及其份额

资料来源：海关总署、Wind 数据库。

2017 年，中国成为全球第一大石油进口国和第二大石油消费国，中国石油进口来源主要集中于俄罗斯、沙特阿拉伯和安哥拉；2017 年，来自这三个国家的石油进口量分别占中国石油进口总量的 14.2％、12.4％和 12.0％，共占 38.6％。

2000 年及 2017 年中国原油进口主要来源国

2000 年			2017 年		
国家	进口量（万吨）	比例（％）	国家	进口量（万吨）	比例（％）
阿曼	1566.1	22.3	俄罗斯	5969.9	14.2
安哥拉	863.7	12.3	沙特阿拉伯	5218.1	12.4
伊朗	700.1	10.0	安哥拉	5041.8	12.0
沙特阿拉伯	573.0	8.2	伊朗	3115.4	7.4
印度尼西亚	457.5	6.5	阿曼	3100.7	7.4
也门共和国	361.2	5.1	伊拉克	3098.2	7.4
苏丹	331.4	4.7	巴西	2288.5	5.5
伊拉克	318.3	4.5	委内瑞拉	2138.3	5.1
越南	315.9	4.5	科威特	1800.7	4.3
卡塔尔	159.9	2.3	阿联酋	1033.1	2.5

资料来源：海关总署、Wind 数据库。

中国油气进口的能源通道包括两种运输方式——海运与管道运输。受地域因素影响，中国石油进口的主要渠道是海上油轮运输。为缓解油气进口过度依靠海运，近些年中国开始把目光投向俄罗斯和中亚地区等周边国家。随着俄罗斯和中亚地区能源大开发的深入，中俄、中国—中亚能源合作也不断加强。2000 年，中国原油进口的前十大来源国主要是中东、非洲和亚太地区的国家；到了 2017 年，由于能源新通道的建成和投入使用，俄罗斯及中亚国家取代了印度尼西亚、越南等亚太地区国家，成为中国原油进口的重要来源地。

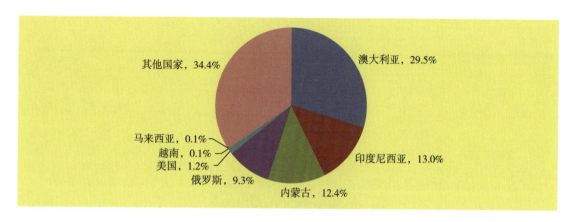

2017 年中国煤炭进口来源国及其份额

资料来源：海关总署、Wind 数据库。

中国 2009 年成为煤炭净进口国，2017 年澳大利亚取代印度尼西亚成为中国最大的煤炭进口来源国，约占总进口量的 29.5%，其次是印度尼西亚、内蒙古、俄罗斯和美国等国，其他国家总进口量占比达到 34.4%，说明中国煤炭进口来源从之前集中在少数几个国家到目前基本实现了多样化。

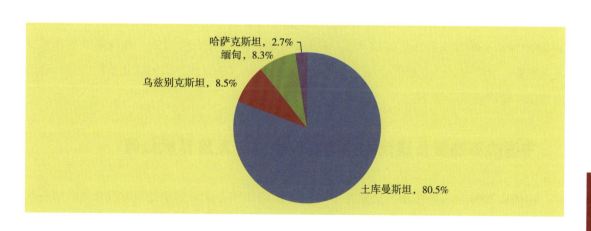

2017 年中国管道天然气进口来源地区及其份额

资料来源：海关总署、Wind 数据库。

目前，跨国管道是我国目前进口天然气的主要途径。已建成的中亚 A、B、C 进口管线和中缅管线，在建的中亚 D 线和中俄管线，再加上沿海 LNG 进口接收站，是我国的四大进口通道。中国管道天然气进口来源非常集中，2010～2012 年中国管道天然气进口几乎全部来自土库曼斯坦，2013 年以后陆续有乌兹别克斯坦、哈萨克斯坦的天然气进入中亚管线，来自缅甸的管道天然气也逐渐增加，但这些国家的占比始终相对较小。

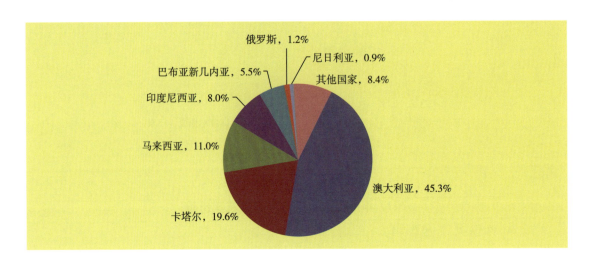

2017 年中国液化天然气进口来源地区及其份额

资料来源：海关总署、Wind 数据库。

液化天然气（LNG）技术的出现解决了天然气长距离运输的问题，加快了全球天然气的贸易。近年来，中国在液化天然气进口方面也保持了快速增长的态势，液化天然气进口量从 2010 年的 936 万吨上升至 2017 年的 3813.5 万吨，年均增长约 22%。进口来源主要来自澳大利亚、卡塔尔、印度尼西亚和马来西亚，过去 8 年，来自该四国的液化天然气进口量总占比基本保持在 80% 左右。

中国的石油储备建设取得了哪些进展？发展目标如何？

中国从 2003 年开始酝酿石油储备工作，并于 2004 年正式规划建设国家石油战略储备基地，以应对石油供应一旦中断可能带来的安全风险。2006 年 8 月，来自俄罗斯的原油正式注入位于浙江的镇海石油储备库，中国告别了无战略石油储备的历史。

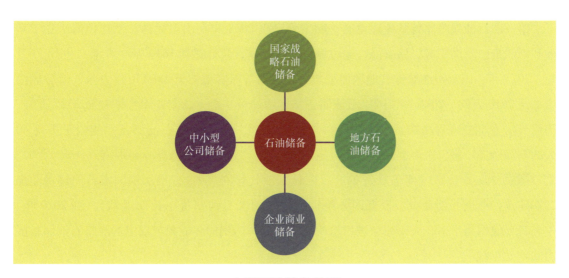

中国石油储备体系

2007年12月，中国国家石油储备中心正式成立，这标志着中国以国家战略石油储备、地方石油储备、企业商业储备和中小型公司石油储备为主体的石油储备体系化建设拉开帷幕。2008年5月29日，中国第一个国家石油储备基地——镇海国家石油储备基地通过国家验收，开始了中国的石油储备。截至2017年，中国已建成镇海、舟山、舟山扩建、大连、黄岛、独山子、兰州、天津及黄岛国家石油储备洞库九个国家石油储备基地。

中国已建成战略石油储备基地分布

资料来源：国家统计局。

第八章

第一期石油战略储备基地建设的首期工程已于 2008 年在山东黄岛、浙江镇海、辽宁新港和浙江舟山全面完成，储备能力超过原计划储备量，总计达到 1640 万立方米，约 1400 万吨。2015 年，国家石油储备基地增加至 8 个，总储备库容增加至 2860 万立方米，储备原油增加至 2610 万吨。2016 年，国家石油储备基地增加至 9 个，总储备库容增加至 3325 万吨。2017 年，总储备库容增加至 3773 万吨。据多方测算，目前中国石油储备只相当于不足 40 天的石油净进口量，距离国际能源署设定的 90 天的"达标线"仍有一定距离。

国家发改委于 2017 年 7 月公布了《中长期油气管网规划》，将加快国家石油储备基地二期建设，推进三期建设。根据国务院批准的《国家石油储备中长期规划》，到 2020 年，中国将形成相当于 100 天石油净进口量的储备规模，达到国际能源署规定的战略石油储备能力的"达标线"。

中国的煤炭储备建设取得了哪些进展？发展目标如何？

国家第一批应急煤炭储备基地

资料来源：国家发改委。

2011 年 3 月，国务院公布了煤炭应急储备方案，第一批国家煤炭应急储备计划为 500 万吨。根据储备方案，神华、中煤、同煤等 10 家大型煤炭、电力企业和秦皇岛港、黄骅港、舟山港等 8 个港口企业，成为国家第一批应急煤炭储备点。其中，秦皇岛港作为世界最大的煤炭输出港和中国"北煤南运""西煤东运"大通道的主枢纽港，承担 130 万吨的储备量，在各大承储企业和储备点中占据了最大份额。

2011 年 6 月，国家发改委与财政部联合下发《国家煤炭应急储备管理暂行办法》，标志着中国正式开始建设煤炭应急储备基地，这也是中国首次提出建立煤炭应急储备基地。2013 年，国家发改委制订了《煤炭物流发展规划》，旨在发展现代煤炭物流、增强煤炭稳定供应能力。到 2020 年，国家年煤运能力达到 30 亿吨；结合国家煤炭应急储备建设布局，重点建设 11 个大型煤炭储配基地和 30 个年流通规模 2000 万吨级物流园区。

中国天然气储备的区域分布如何？发展目标如何？

不同天然气储备模式的差异

储备方式	优点	缺点
地下储气库	容量大、储气压力高、成本低、受气候影响小、安全性高	受限于地质构造、盐穴及含水层等自然条件，而且建库周期较长
气田储备	储备量大、安全性高	受资源分布限制，对处理设备、外输管网要求高，投资较高，气田生产不平稳，气田开发效率低
LNG 储备	不受地质条件的限制、有限空间的天然气储备量大、动用周期短	投资大、能耗高、安全性差

受制于自身地理、供需等条件，不同国家形成了不同的天然气储备系统。天然气储备可以采取多种形式，主要有地下储气库、气田储备和 LNG 储备，不同储备模式各有优劣。

目前世界上典型的天然气地下储气库类型有四种：枯竭油气藏储气库、含水层储气库、盐穴储气库、废弃矿坑储气库，该四种类型占地下储气库总数比例分别约 75%、15%、8%、2%。目前，全球在运营的地下储气库约 630 座，工作气总容量约为 3600 亿立方米，其中北美和欧洲建设和运营了全球约 98% 的地下储气库。

中国 1999 年才建成第一座真正意义上的商业调峰储气库，即天津大港大张坨地下储气库。截至 2017 年底，我国主要天然气消费区已建成 11 个地下储气库群，共 25 座储气库，主要为枯竭油气藏储气库和盐穴储气库，调峰能力 117 亿立方米，高峰日采气量突破 9000 万立方米。

中国地下储气库布局现状

资料来源：国家发改委。

地下储气库工作气量一般不能低于天然气总消费量10%的红线，而目前我国只有4%左右，储气能力存在巨大缺口。2017年6月，国家发改委等13个部委联合发布的《加快推进天然气利用的意见》明确指出，到2030年，我国地下储气库形成有效工作气量350亿立方米。中石油未来拟在川渝地区，分三个阶段新建7座储气库，调峰能力超过210亿立方米，

除地下储气库之外，中国还需要建设一批城市大型储气罐群和类似液化天然气接收站的储气设施。中国这类储气设施基础十分薄弱，除北京等大型城市有一定的城市储气能力，其他二、三线城市几乎为零。

中国能源消费结构与国家能源安全关系如何？

"国家能源安全"的概念起源于20世纪70年代的石油危机，1974年以美国为首的西方发达国家成立国际能源署，正式提出以稳定石油供应和石油价格为中心的国家能源安全概念。主要体现在三个方面：一是国家进口能源供应必须数量充足，但进口不能危及国家安全；二是进口能源供应必须持续；三是进口能源必须价格合理，以保证数量充足的持续供应。

2017 年世界部分国家一次能源消费情况　　　　单位：百万吨标准油

项目 国家	石油	天然气	煤炭	核能	水能	非水可再生能源	合计
中国	608.4	206.7	1892.6	56.2	261.5	106.7	3132.2
美国	913.3	635.8	332.1	191.7	67.1	94.8	2234.9
欧盟	645.4	401.4	234.3	187.9	67.8	152.3	1689.2
印度	222.1	46.6	424.0	8.5	30.7	21.8	753.7
俄罗斯	153.0	365.2	92.3	46.0	41.5	0.3	698.3
日本	188.3	100.7	120.5	6.6	17.9	22.4	456.4

资料来源：《BP 世界能源统计年鉴 2018》。

　　不同能源品种之间的余缺不能相调剂，会产生"木桶效应"，由最短板决定国家能源安全水平。2017 年，中国的能源结构持续改进，尽管煤炭仍是中国能源消费中的主要燃料，但 2017 年其占比为 61%，创历史新低。

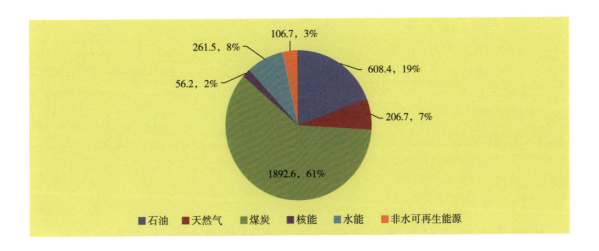

2017 年中国分品种一次能源消费结构

资料来源：《BP 世界能源统计年鉴 2018》。

第六章

中国人均化石燃料可采储量在世界范围内处于何种水平？

从人均化石燃料可采储量看，中国人均化石燃料可采储量较低，其中，煤炭、石油和天然气可采储量仅分别达到世界平均水平的72.9%、8.2%、15.4%，迫切需要寻求能源替代。

人均能源消费能在一定程度上反映一个国家社会大众生活的水平，2017年中国人均能源消费为2.3吨标准油，仅分别达到美国及欧盟国家人均能源消费量的33.3%、69.7%。2017年，中国人均发电量为4685千瓦时，仅分别达到美国及欧盟国家人均发电量的35.6%、70.1%。

2017年世界部分国家人均能源情况

	中国	美国	欧盟	俄罗斯	印度	经合组织	世界
人口（百万）	1386.40	325.72	512.46	144.50	1339.18	1300.87	7530.36
人均GDP（美元）	8827	59532	33715	10917	1940	38149	10714
人均化石燃料可采储量							
煤炭（吨）	100.1	770.3	148.9	1109.8	73.0	382.8	137.4
石油（桶）	18.5	153.5	9.4	735.0	3.4	186.5	225.3
天然气（立方米）	3967	26710	2342	242223	896	13683	25696
人均一次能源消费量（吨标准油）	2.3	6.9	3.3	4.8	0.6	4.3	1.8
人均发电量（千瓦时）	4685	13146	6413	8045	7552	1118	8466

资料来源：《BP世界能源统计年鉴2018》，世界银行 https://data.worldbank.org.cn。

中国化石燃料可采储量和储产比在世界范围内处于何种水平？

储产比指如果用任何一年年底所剩余的储量除以该年度的产量，且今后年产量继续保持在该年度的水平，这些剩余储量可供开采的年限。2017年，中国石油产量平均为385万桶/日，中国石油资源预计将在未来15～20年内枯竭；2017年中国煤炭年产量为35亿吨，中国煤炭资源预计将在未来35～40年内枯竭；2017年中国天然气年产量为1490亿立方米，中国天然气资源预计也将在未来35～40年内枯竭；中国化石燃料可采储量和储产比在世界范围内均处于较低水平，因此，我国能源行业必须实施"走出去"战略。

2017 年世界部分国家化石燃料可采储量和储产比情况

煤炭			石油			天然气		
项目	储量 （百万吨）	储产比	项目	储量 （十亿桶）	储产比	项目	储量 （万亿立方米）	储产比
世界	1035012	134	世界	1696.6	50.2	世界	193.5	52.6
中国	138819	39	OPEC	1218.8	84.7	中国	5.5	36.7
美国	250916	357	中国	25.7	18.3	美国	8.7	11.9
俄罗斯	160364	391	美国	50.0	10.5	俄罗斯	35.0	55.0
澳大利亚	144818	301	俄罗斯	106.2	25.8	伊朗	33.2	148.4
印度	97728	136	委内瑞拉	303.2	393.6	卡塔尔	24.9	141.8
德国	36108	206	加拿大	168.9	95.8	土库曼斯坦	19.5	314.1

资料来源：《BP 世界能源统计年鉴 2018》。

中国利用海外能源的地区分布及进口量保障情况如何？

从分布区域看，中国能源的海外开发及能源进口主要集中在非洲、中东、拉美、中亚及俄罗斯、亚太和澳大利亚，这些地区的稳定及投资环境直接影响中国的能源安全。以石油为例，中国国内油田增储上产的空间有限，今后国内油气供应必要要走扩大进口的路子，但利用境外油气资源却面临十分复杂的环境。全球优质的资源区块已被发达国家老牌石油公司占领。中国石油企业"走出去"比较晚，能够获得的资源多是边角地区或分布于冲突动荡的地区。

从运输方式看，中国进口的原油中，80% 以上要经过马六甲海峡，而马六甲海峡是国际政治中的敏感地区。因此，如何降低对马六甲海峡的依赖就成为中国对外能源合作的重点之一。

● 石油进口地区　　●煤炭进口地区　　●管道天然气进口地区　　●液化天然气进口地区

中国利用海外能源的地区分布情况

资料来源：海关总署、Wind 数据库。

中国国内能源资源与消费重心分布情况如何？

　　我国能源资源与消费重心呈逆向分布，客观上形成了"北煤南运、南油北调、西气东输、西电东送"的格局。同时，随着输送量的增加，一些安全隐患逐步增加，主要包括煤炭运输通道比较集中；输煤铁路和油气管道网络化程度不够；同向平行布置的输电通道逐步增多；对区外能源依存度较高的大型城市和经济发达地区，资源来源和输送通道等多元化程度不够等问题。

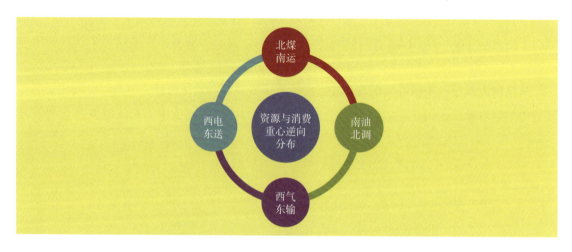

中国能源资源与消费中心重心逆向分布导致的问题

中国电力安全情况如何？

中国目前有国家电网有限公司和中国南方电网公司两大电网公司，其中，国家电网分为华北分部、华东分部、华中分部、东北分部、西北分部、西南分部六个分部。从服务省区看，国网华北分部服务北京、天津、河北和山西；国网华东分部服务山东、上海、江苏、浙江、安徽、福建和江西；国网华中分部服务湖北、湖南和河南；国网西南分部服务四川、重庆和西藏；国网西北分部服务陕西、甘肃、青海、宁夏和新疆；国网东北分部服务辽宁、吉林、黑龙江和内蒙古。南方电网服务广东、广西、云南、贵州、海南和港澳地区。

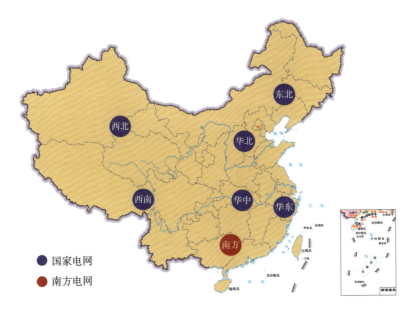

中国电网区域划分情况

资料来源：国家电网有限公司、中国南方电网公司。

2018 年，全国电力供需总体平衡，部分地区出现错峰限电。用电增速回升，电网峰谷差加大，全国电力供需形势从前几年的总体宽松转为总体平衡。其中，华北、华东、华中、南方区域电力供需总体平衡，部分省份局部性、阶段性电力供应偏紧；东北和西北区域电力供应能力富余。值得注意的是，2018 年，全国电力燃料供需总体平衡，地区性时段性偏紧，煤电企业经营仍比较困难。

第六章

173

中国近些年国际油气合作的情况如何？

2018 年中国石油企业在"一带一路"合作进展

国家	合作进展
阿联酋	中石油以 12 亿美元收购阿布扎比乌姆沙依夫和纳斯尔（Umm Shaif & Nasr）油田和下扎库姆（Lower Zakum）油田许可证各 10% 的权益；中石油与 ADNOC 签订涵盖油气全产业链的《战略合作框架协议》
俄罗斯	中石油与俄油签署《上游合作协议》，与俄气签署《技术合作协议》
哈萨克斯坦	中石油与哈萨克斯坦国家石油天然气公司签署《中国石油天然气集团有限公司与哈萨克斯坦能源部关于石油合同延期及深化油气领域合作的协议》
卡塔尔	中石油与卡塔尔液化天然气公司（Qatar Gas）签署 LNG 长贸协议，Qatar Gas 将从 2018 年起每年对华供应 340 万吨 LNG，期限为 22 年
伊拉克	洲际油气公司成功中标获得伊拉克第五轮区块招标中的 Huwaiza 区块和 Naft Khana 区块的勘探开发权

资料来源：《2018 年国内外油气行业发展报告》。

2018 年，中国石油继续以"一带一路"沿线国家为重点，全面推进海外业务发展。上游领域，继续稳固和扩大投资，哈萨克斯坦卡沙甘、巴西里贝拉等大型项目投产顺利；哈萨克斯坦、印度尼西亚和南苏丹等合作国项目合同成功延期；俄罗斯亚马尔 LNG 项目全面投产，进度提前 7 个月；中石油斥资 12 亿美元收购阿布扎比石油资产，扩大了在阿联酋的业务规模；洲际油气公司成功中标伊拉克油田。在贸易领域，中石油与卡塔尔签署 LNG 供应大单，为国内天然气保供提供支撑。